George Soros im Gespräch
mit Krisztina Koenen

George Soros

im Gespräch
mit Krisztina Koenen

Eichborn.

Die Deutsche Bibliothek – CIP-Einheitsaufnahme

Koenen, Krisztina:
George Soros im Gespräch mit Krisztina Koenen. – Frankfurt am Main: Eichborn, 1994
ISBN 3-8218-1165-X
NE: Soros, George: George Soros im Gespräch mit Krisztina Koenen

Lektorat: Albert Sellner
Umschlaggestaltung: Rüdiger Morgenweck
Satz: Fuldaer Verlagsanstalt GmbH, 36003 Fulda
Druck und Bindung: Wiener Verlag, Himberg
ISBN 3-8218-1165-X
Verlagsverzeichnis schickt gern:
Eichborn Verlag, Kaiserstr. 66, D-60329 Frankfurt

Inhalt

Vorwort

Der amerikanische Fonds-Manager und Börsenspekulant George Soros ist keine unumstrittene Persönlichkeit. Am wenigsten ist er das in Europa: Sowohl im Westen als auch im Osten wurde er in der letzten Zeit aus den verschiedensten politischen Richtungen aggressiv und zum Teil haßerfüllt angegriffen. Zu negativer Berühmtheit gelangte er im Westen im Herbst des Jahres 1992, als sein Investment-Fonds, die Krise im europäischen Währungssystem ausnutzend, eine Milliarde Dollar Gewinn machte. Verlierer der spekulativen Aktion war die Bank of England und letztendlich der britische Steuerzahler. Durch die deutsche Presse ging ein Aufschrei der Entrüstung. Spekulation sei unmoralisch und Soros ein amerikanischer Blutsauger, der sich hemmungslos am kleinen Mann im schutzlosen Europa bereichere, war die – meist nur oberflächlich versteckte – Botschaft. An der Börse durch Spekulation verdientes Geld sei schmutziges Geld, und gegen nationale Zentralbanken zu spekulieren sei ganz besonders unmoralisch, wurde dem Leser suggeriert. Daß Soros Amerikaner ist, ein

Angehöriger der Supermacht, der in den Augen von Soros' Kritikern nicht erst seit dem Golfkrieg einiges vorzuwerfen wäre, paßte nur zu gut ins Bild. Und da man hierzulande anbetracht sozialer und gesellschaftlicher Probleme gewohnt ist, als erstes Forderungen an den Staat zu stellen, statt selbst Hand anzulegen oder gar ins eigene Portemonnaie zu greifen, ist sogar Soros' Engagement in Osteuropa zum Gegenstand verächtlicher Bemerkungen geworden: Er investiere dort Geld, um sein Image aufzupolieren und um sich feiern zu lassen, hieß es in den gleichen Aufsätzen, die ihn der skrupellosen Geldgier beschuldigten.

Die Verachtung der Zirkulationssphäre und die Gleichsetzung von Profit mit Verbrechen ist in Deutschland seit der Romantik Teil jeder antibürgerlichen, antikapitalistischen Gesellschaftskritik. In der neuesten Geschichte gehören Gedanken dieser Art zur ideologischen Standardausrüstung des rechten wie linken Totalitarismus. Und sie waren immer schon verbunden mit Antisemitismus: Tauschgesellschaft, Handel, Geldgeschäfte standen seit dem Mittelalter als Synonyme für das Jüdische, Unehrliche, dem sich die ehrlichen, ausgeplünderten, reinen Nationen hilflos ausgeliefert sahen. All diese Ressentiments, die in Deutschland gewiß nicht zufällig gerade nach der Wiedervereinigung so populär wurden wie seit Ende des Zweiten Weltkrieges nie, sind George Soros wie auf den Leib geschneidert: George Soros ist Jude, der auch noch stolz darauf ist.

Die Osteuropäer kennen George Soros nicht

erst seit 1992. Es war vor genau zehn Jahren, daß sein Name zum ersten Mal in einem damals noch sozialistischen Land, in Ungarn, bekannt wurde. Dort gründete er seine erste osteuropäische Stiftung, deren erklärtes Ziel die Förderung der offenen Gesellschaft war. Inzwischen hat Soros zweiundzwanzig Stiftungen in fast allen Ländern des ehemaligen sozialistischen Lagers, die den gleichen Zielsetzungen folgen. Er investiert in sie nach eigenem Bekunden etwa die Hälfte seines Einkommens und fast neunzig Prozent seiner Zeit. Er fördert kulturelle und wissenschaftliche Projekte, Schriftsteller, Künstler, die Entstehung unabhängiger Institutionen in allen Bereichen des gesellschaftlichen Lebens, und wo es notwendig ist, leistet er humanitäre Hilfe wie gegenwärtig in Bosnien. Er tut das alles nicht, weil er ein besonders gütiger Mensch ist, sondern weil er glaubt, an gewissen Prinzipien – wie der Einhaltung der Menschenrechte – bedingungslos festhalten zu müssen. Auch sah er schon sehr früh die Gefahren, die das Zusammenbrechen der osteuropäischen Gesellschaften für ganz Europa und womöglich für die ganze Welt mit sich bringen kann. Die Ereignisse der letzten Jahre vor allem im ehemaligen Jugoslawien und auf dem Gebiet der zerfallenen Sowjetunion bestätigten seine Befürchtungen in jeder Hinsicht.

Soros' Engagement für die offene Gesellschaft in Osteuropa erntete dort nicht weniger Kritik als seine Finanzgeschäfte im Westen. Allen romantisch-nationalistischen Gegnern der westlichen liberalen Demokratien und der damit einhergehenden Lebensweise war und ist er ein Dorn im Auge. Daß er sich in die inneren Angelegenheiten der jeweiligen Länder einmische, war einer der harmlosesten, weil noch einigermaßen rationalen Vorwürfe. In Rumänien beschimpfte man ihn als einen Agenten der revanchistischen Ungarn, in Ungarn als Agenten des internationalen jüdischen Kapitals, als »judeokommunistischen Plutokraten«, der mit seinen Stiftungen die moralische Unterminierung des Ungarntums betreibe. Wie man sieht, die Vorwürfe ähneln sich letztendlich in Ost und West, Antisemitismus und Antiutilitarismus einen Welten, die sich einander fern wähnen.

George Soros ist 1930 in Budapest geboren. Sein Lebensweg gleicht der amerikanischen Traumkarriere, die unter der Kurzformel »Vom Tellerwäscher zum Millionär« bekannt geworden ist. Mit siebzehn flüchtete er aus Ungarn nach London, wo er an der London School of Economics zu studieren anfing, begleitet durch Aushilfsjobs, um das Studium zu finanzieren. Er war Maler und Transportarbeiter und schließlich Hilfsarbeiter bei der Britischen Eisenbahn, bis ihm ein Beinbruch während der Arbeit die finanzielle Sicherheit brachte: Von da an lebte er vom Schadenersatz, den ihm die Bahngesellschaft gezahlt hatte. Die Zeit nach seinem Studium bezeichnet Soros als den Tiefpunkt seines Lebens. Seine damalige Tätigkeit als Vertreter für Modeschmuck empfindet er heute noch als peinlich und erniedrigend. Nach zahlreichen Bewerbungen bei Londoner Handelsbanken kam ihm schließlich seine ungarische Herkunft zugute:

Den ersten Job bot ihm eine Bank an, deren Besitzer ebenfalls aus Ungarn stammten.

Der echte Wendepunkt in seinem Leben kam mit der beruflich bedingten Übersiedlung nach Amerika. An der New Yorker Börse war Soros unter den ersten, die die zukünftige wirtschaftliche Bedeutung Europas begriffen hatten. Er fertigte Expertisen über europäische Wertpapiere an, deren Handel an den amerikanischen Börsen gerade begonnen hatte. 1969, nachdem er für mehrere Wall-Street-Gesellschaften als Händler und Analyst gearbeitet hatte, übernahm er das Management für einen Investment-Fonds, der später zum berühmten Quantum-Fonds werden sollte. Bis zum heutigen Tag weist Quantum eine der besten und stetigsten Bilanzen unter den internationalen Investment-Fonds auf. Seit 1969 beträgt die durchschnittliche jährliche Wachstumsrate fünfunddreißig Prozent, in seiner ganzen Geschichte hatte der Fonds nur im Jahr 1981 Verluste ausgewiesen. Zu den Superreichen zählt sich Soros trotzdem nicht. Solange einer noch wisse, wieviel Geld er habe, gehöre er noch nicht dazu. Und weil er noch einen Überblick über sein Vermögen habe (das auf etwa eine Milliarde Dollar geschätzt wird), sei er gewiß keiner von ihnen, sagt Soros.

Daß George Soros Anfang der achtziger Jahre anfing, ernsthaft darüber nachzudenken, was er mit dem vielen verdienten Geld anfangen soll, ist kein Zufall. Sein Studium der Ökonomie hält er im Rückblick für verfehlt. Er hätte vielmehr Philosophie studieren sollen, meint er, da sein Hauptinteresse immer schon philosophischen

Themen gegolten habe. Unmittelbar nach seinem Studium verfaßte er ein philosophisches Traktat mit dem Titel »The Burden of Consciousness« (Die Last des Bewußtseins), an dem nach seiner jetzigen Einschätzung nur der Titel wirklich gut war. Darin beschäftigte er sich aber schon mit dem Gedanken, der ihn bis zum heutigen Tag nicht ruhen läßt: mit dem Zusammenhang zwischen gewissen Prozessen sowohl wirtschaftlicher als auch politischer Natur und dem Bewußtsein der an ihnen beteiligten Individuen. Menschen und Geschichte beeinflußten sich gegenseitig und befänden sich daher nie im Einklang. Die Ereignisse hingen wesentlich davon ab, mit welchen Erwartungen die Menschen an sie herangingen, und dies gelte für das Börsengeschehen und für gesellschaftliche Entwicklungen gleichermaßen, schrieb damals Soros. An dieser Sichtweise der Dinge hält er fest. Er schrieb darüber noch drei weitere Bücher: »The Alchemy of Finance« (1987), »Opening the Soviet Society« (1990) und »Underwriting Democracy« (1991).

Nach einiger Zeit begann er die Tätigkeit an der Börse als ein großes Experiment seiner philosophischen Theorien zu betreiben, und er glaubt felsenfest daran, daß sie die Probe bestanden haben. Nach diesem Erfolg ging er daran, auch seine Vorstellungen über offene und geschlossene Gesellschaften (die stark von den Ideen seines Professors Karl Popper inspiriert wurden) in der Praxis zu erproben. Das Ergebnis sind das Netzwerk von Stiftungen in Osteuropa und das Fundament einer Mitteleuropäischen Universität mit Sitz in Budapest.

Soros bezeichnet sich als einen überzeugten Egoisten, der nicht die geringste natürliche Neigung zu Wohltätigkeit hat. Die eigenen Erfahrungen aus seiner Studienzeit, als er eine wohltätige jüdische Organisation in London anbetteln mußte, reichten ihm nach eigenem Bekunden für das ganze Leben. Und doch fing er damals an zu glauben, daß die Verfolgung ausschließlich eigener Interessen eine zu schmale Basis für ein so sehr von sich überzeugtes Individuum sei, wie er selbst es ist. Gewiß spielte dabei auch sein Hang zu Abenteuern jeder Art eine Rolle, seine Überzeugung, daß das Leben niemals langweilig werden dürfe.

Mit leuchtenden Augen erzählt er manchmal über 1944, das Jahr der deutschen Besatzung Ungarns im Zweiten Weltkrieg, und glaubt, vielleicht sei dies seine glücklichste Zeit gewesen. Man wird gewiß nur wenige Juden in Europa finden, die mit einem ähnlichen Enthusiasmus über diese Jahre sprechen könnten. Sein Vater, ein etwas zur Bohème neigender Budapester Rechtsanwalt, gehörte zu den wenigen ungarischen Juden, die nicht bereit waren, sich als Opfer zu betrachten. Er besorgte sich, seiner Familie und noch mehreren Dutzend Budapester Juden falsche Papiere, fand Verbindung zu den sogenannten »Wäschereien«, in denen Dokumente gewaschen und neu ausgefüllt wurden. Sein Sohn war an den Aktionen beteiligt und erlebte so den Vernichtungskrieg tatsächlich als Abenteuer.

Von dem Vater hat Soros gewiß nicht nur die Sehnsucht nach Abenteuern geerbt, sondern auch die Zuneigung zu Dichtern, Künstlern, zu

Bohemiens aller Art. Doch seine Stiftungen für gesellige Zusammenkünfte mit diesem Personenkreis zu nutzen, versagt er sich strikt. Seine Jugenderfahrung, als Bittsteller dazustehen, zwinge ihn zur Zurückhaltung, sagt er. Die Menschen, die von seiner Stiftung Geld bekommen haben, kennt er nicht, er will sie auch nicht kennenlernen. Ein unpersönliches, möglichst objektives Verhältnis zu seinen Stipendiaten zieht er Bekanntschaften vor. Von dieser Regel gibt es nur wenige Ausnahmen.

George Soros muß weder seinen östlichen noch seinen westlichen Gegnern gegenüber verteidigt werden. Er hat es nicht nötig, weil er nie besser erscheinen will, als er wirklich ist. Die eigenen Schwächen, zu denen er unter anderem seine starke Ichbezogenheit und immerwiederkehrende messianistische Phantasien zählt, sind ihm bestens bekannt. Auch ist er ein kampflustiger Mann, der im Kreuzfeuer der Kritik und der Angriffe erst richtig aufblüht und zu sich findet. In dem folgenden Gespräch, das wir an mehreren Tagen zwischen August 1993 und Februar 1994 in New York und Frankfurt geführt haben, hat er neben viel wichtigeren Themen auch zu den ihm gegenüber erhobenen Vorwürfen, sofern sie es verdienen, ernstgenommen zu werden, Stellung bezogen.

Die düsteren Perspektiven der Europäischen Gemeinschaft

Warum wollen Spekulanten wie Sie die Europäische Gemeinschaft kaputtmachen?

Warum klagen Sie wegen der Desintegration Europas die Spekulanten an? Es besteht kein Zweifel, daß sich die Europäische Gemeinschaft trotz Beteuerungen und der Unterzeichnung des Vertrags von Maastricht in einem Prozeß der Desintegration befindet. Die Desintegration des Zahlungssystems, des Europäischen Währungssystems, spielt eine sehr wichtige Rolle dabei. Ich bin sogar einverstanden damit, daß Spekulation oder – um genauer zu sein – die internationalen Kapitalbewegungen eine wichtige Rolle bei der Desintegration der Gemeinschaft gespielt haben. Aber die Spekulanten, die sich auf dem Markt bewegen, sind für diese Entwicklung nicht verantwortlich.

Die Spekulanten bewegen sich innerhalb eines für sie vorgegebenen Systems. Daß Spekulation die Rolle spielen konnte, die sie gespielt hat, ist auf die Fehler des Systems zurückzuführen. Also würde ich vielmehr diejenigen anklagen, die für das System verantwortlich sind. Die Beteiligten eines Systems handeln nach den ihnen vorgegebenen Spielregeln (sofern sie keine Gesetzwidrigkeiten begehen), die Spielregeln des Finanzmarktes jedoch sind in einem politischen Prozeß erstellt worden.

Also haben der deutsche Finanzminister Waigel und seine europäischen Kollegen recht, wenn sie die unkontrollierte Ausdehnung der Spekulation beklagen?

Im wesentlichen haben sie recht. Ich selbst habe über dieses Problem schon vor längerer Zeit in meinem Buch »Alchemy of Finance« geschrieben. Alle Währungssysteme sind mit Fehlern behaftet, und keines hält ewig. Wenn Sie auf die Geschichte zurückblicken, werden Sie feststellen können, daß das System von Bretton Woods eine Zeitlang ausgezeichnet funktioniert hat, dann brach es zusammen. Das Europäische Währungssystem hat zunächst gut funktioniert, dann aber nicht mehr. Und jetzt erst, als es nicht mehr gut funktioniert, nimmt der Umfang der Spekulation zu und kann – oberflächlich gesehen – den Zusammenbruch des Systems verursachen.

Warum aber nimmt der Umfang der Spekulation zu?

Weil es profitabel ist.

Hat es Spekulation nicht immer gegeben? Was ist das Neue an der gegenwärtigen Lage?

Daß die internationalen Kapitalanleger ihr Vertrauen in das Europäische Währungssystem verloren haben. Unter diesem Druck mußte das System verändert, die Bandbrciten für Währungsschwankungen vergrößert werden.

Ist Spekulation also schädlich?

Spekulation ist eine Folge der Herausbildung von weltumfassenden Finanzmärkten, und das wiederum läßt Probleme aufkommen, die es bisher so nicht gegeben hat. Als die Vereinbarung von Bretton Woods getroffen wurde, nahm man an, daß es international keine oder nur geringe Kapitalbewegungen geben würde. Man nahm an, daß es vor allem Bewegungen von Waren und Bewegungen auf den laufenden Konten geben würde. Inzwischen hat sich die Welt verändert.

Von verschiedenen Ländern sind Restriktionen gegen die Spekulation gefordert worden. Sind die Forderungen berechtigt?

Das Wort »Spekulation« ist ein tückisches, trügerisches Wort. Spekulation bedeutet eigentlich nur, daß es einen Kapitalmarkt gibt, daß es internationale Kapitalbewegungen gibt, daß Geld, das investiert werden kann, auf verschiedene Weise genutzt wird. Das Geld kann genutzt werden, um eine Fabrik oder Immobilien zu kaufen, oder man kann es in finanzielle Instrumente investieren. Geld kann nicht direkt in eine Währung investiert werden, weil die ja in irgendeiner Form gehalten werden muß. Meistens hält man nicht eine Währung als Bankeinlage, weil das keine Erträge bringt. Also kauft man etwa deutsche Obligationen oder amerikanische *certificates of deposit*. Wenn die Situation instabil ist und sich die Werte der Währungen ändern, kann es sehr profitabel sein, in liquide Mittel zu investieren. Liquidität bedeutet, daß die Mittel einfach in etwas anderes umgetauscht werden können im Gegensatz zu Fabriken oder Immobilien. Und weil das so ist, werden immer größere Geldsummen als spekulatives Kapital bewegt. Die Zunahme der Spekulation ist nichts weiter als das Stärkerwerden der internationalen Investoren. Die internationalen Investitionen, die in den Geld- und Finanzmarkt fließen, werden immer bedeutsamer, überwinden Grenzen und Währungen.

In dem Maße, wie sich der Europäische Gemeinsame Markt entwickelte und die Schranken fielen, die die Investitionen von einem Land ins andere behindert hatten, in dem Maße begann immer mehr Kapital zwischen den einzelnen Ländern hin- und herzufließen. Ein deutscher Investor, der früher nur deutsche Aktien kaufen konnte, besitzt heute mit der gleichen Selbstverständlichkeit spanische Aktien. Das gleiche geschieht auch im Weltmaßstab. Wenn dann die Umtauschverhältnisse zwischen den Währungen nicht stabil sind, haben diese Kursbewegungen einen sehr großen Einfluß darauf, ob man Gewinne oder Verluste macht.

Im Grunde sind alle, die sich auf den Finanzmärkten bewegen, Spekulanten, denn sie alle sind bestrebt, ihren Gewinn, den sie durch Kauf und Verkauf von Aktien machen, zu maximieren. Aber das Wort »Spekulation« hat auch eine unangenehme verborgene Bedeutung: Es wird assoziiert mit der Existenz von Schwarzmärkten, mit illegalen Geschäften und vor allem mit der Vorstellung von unrechtmäßiger Bereicherung. Ich glaube nicht, daß die Regierungen und die Verantwortlichen einer guten Sache dienen, wenn sie diese gefühlsmäßig belastete Nebenbedeutung des Wortes betonen. Sie beuten Vorurteile aus, um andere zu beschuldigen, in einer Situation, in der sie den Fehler bei sich selbst suchen sollten. Ich zahle ihnen nicht mit der gleichen Münze heim und beschuldige sie meinerseits nicht. Ich bin mir dessen wohl bewußt, daß es eine Reihe sehr schwieriger Probleme gibt, es ist sogar gut möglich, daß gegenwärtig keine Lösung für sie gefunden werden kann. Aber man sollte sich selbst und der Öffentlichkeit eingestehen, daß es Fehler gibt, und bemüht sein, sie zu korrigieren.

Ursprünglich hat es mich noch belustigt, wenn man mich einen Spekulanten genannt hat, ich war sogar stolz darauf, denn ich spekuliere in der Tat gern, auch im philosophischen Sinne. Ich spekuliere mit Vorliebe über die Natur der Dinge, und als man mir eine Ehrenprofessur in Oxford angeboten hatte, schlug ich vor, mich als philosophischen und finanziellen Spekulanten zu bezeichnen. Inzwischen glaube ich jedoch, daß der Witz zu weit geht, und ich bin keineswegs mehr amüsiert.

Die Politiker, der französische Ministerpräsident Balladur beispielsweise, wollen durchaus etwas tun. Verschiedentlich sind Einschränkungen beim Kauf und Verkauf von Währungen gefordert worden. Sind Sie mit solchen Maßnahmen einverstanden? Was kann damit gemeint sein?

Ich kann keine Gedanken lesen. Ich teile die Meinung der Politiker, daß die immer größer werdenden Kapitalbewegungen gewisse Schwierigkeiten verursachen. Insbesondere die der spekulativen Art, das heißt die Bewegung von liquidem Kapital, das sich sehr schnell den Weg von Land zu Land und den höchstmöglichen Gewinn sucht. Soweit aber nur die Spekulanten beschimpft werden, ist das so, wie wenn man den Boten erschießt, weil er schlechte Nachrichten überbracht hat.

Das Problem ist, daß es zuviel heißes Geld gibt. Dieses Problem ist aus der Geschichte, aus der Zeit zwischen den beiden Weltkriegen bekannt. Wenn man aber die Bewegung des heißen Geldes behindert, kann man die Basis des gemeinsamen Marktes zerstören. Denn mit der Errichtung von Hürden für spekulative Kapitalbewegungen behindert man freilich auch die nichtspekulativen Kapitalbewegungen. Wenn man einen gemeinsamen Markt für Güter, für Produkte haben will, muß man auch einen gemeinsamen, also freien Markt für die Faktoren der Produktion, das heißt für Kapital und Arbeit haben. Wenn man aber die freie Bewegung von Kapital will, wird man auch internationale Investitionen haben, und das bedeutet, daß man auch Spekulation haben wird. Deswegen ist es meine Überzeugung, daß die Einschränkung der freien Kapitalbewegungen, wie man es auch bewerkstelligen mag, immer der falsche Weg sein wird. Die einzige, wirklich erfolgversprechende Lösung ist die gemeinsame Zentralbank und eine gemeinsame Währung.

Diese Lösung, zumindest was die gemeinsame Währung betrifft, ist gerade in die ferne Zukunft gerückt worden. Was glauben Sie, was die Verantwortlichen der EG als kurzfristige Behelfe im Sinn haben könnten?

Es gibt mehrere Wege, die vorstellbar sind. Der eine ist, eine Steuer auf alle Transaktionen zu erheben, die in fremden Währungen abgewickelt werden. Das würde direkt dazu führen, daß der Gemeinsame Markt erheblich weniger gemeinsam wäre, denn es kostete dann viel mehr Geld, Währungen umzutauschen.

Eine andere Maßnahme, die von der britischen Regierung schon einmal benutzt worden ist, nennt man »Korsett«. Die Banken müssen eine Strafe zahlen, wenn sie innerhalb eines gegebenen Zeitraums mehr Kredite an Ausländer vergeben als vorgeschrieben. Das kann man für eine kurze Zeit machen, hat aber den Nachteil, daß es einen gegebenen Zustand einfriert, Wachstum oder Berichtigungen sind nicht möglich. Normalerweise ändern sich die wirtschaftlichen Gegebenheiten, und man möchte ein System haben, das die Anpassung erlaubt.

Also gibt es keine selektiven Methoden?

Doch. Bevor die Märkte liberalisiert wurden, gab es eine qualitative Einschränkung der Kreditvergabe. Bestimmte Typen von Kreditnehmern wurden bedient, andere nicht. Aber das alles würde ein Weg zurück sein. Viel besser wäre es, man bewegte sich nach vorn, hin zu einer gemeinsamen Währung. Denn das vollkommene Wechselkurssystem kann es von Natur aus nicht geben. Die festen Systeme sind zu starr und einengend, fluktuierende Wechselkurse sind instabil. Und wie wir es gerade erlebt haben, sie sind kumuliert instabil, weil sie spekulatives Kapital anziehen. Bei instabilen Wechselkursen ist es profitabler, das Geld in spekulative Transaktionen zu investieren als in Anlagevermögen. So strömt immer mehr Geld in spekulative Transaktionen und immer weniger in Anlagevermögen, was eine sehr ungesunde Entwicklung ist. Dadurch wird die ohnehin vorhandene Instabilität der Wechselkurse noch verstärkt. Daraus folgt, daß es das beste wäre, überhaupt kein Wechselkurssystem zu haben, sondern einen gemeinsamen Markt und eine gemeinsame Währung. Das war das Ziel, das mit dem Maastrichter Vertrag längerfristig hätte erreicht werden sollen.

Aber Europa ist gegenwärtig von diesem Ziel – zumindest was die Wechselkurse betrifft – weiter entfernt als noch vor ein oder zwei Jahren!?

Das ist richtig. Das Wechselkurssystem der Europäer funktionierte sehr gut, es war raffiniert und gut ausbalanciert. Es gab ein fast perfektes finanzielles Gleichgewicht, die Verantwortlichen arbeiteten gut zusammen, sie koordinierten ihre Politik. Die Wechselkurse waren nicht ganz fest fixiert, sie waren in Grenzen flexibel und erlaubten Korrekturen. Die aber fielen verhältnismäßig gering aus. Natürlich konnte man auf diese Korrekturen spekulieren, aber nur den Geschicktesten unter den Spekulanten gelang es tatsächlich, Gewinne zu machen.

Waren Sie unter denen, die es versucht haben?

Ja, ich habe es versucht und gab es im wesentlichen auf, denn selbst wenn ich richtig lag, waren die Kosten der Transaktionen zu hoch, um Gewinne machen zu können. Da die Anpassungen im Währungssystem sehr gering waren, konnte man nichts machen, außer es gelang jemandem, den Zeitpunkt der Anpassung ganz genau zu erwischen. Kurzum, es war ein System, das die Spekulanten entmutigte. Leute wie ich wurden abgeschreckt.

Sie behaupten also, wenn ein monetäres System gut funktioniert, entmutigt es automatisch die Spekulation?

Genau. Aber nach der Wiedervereinigung Deutschlands ging das europäische Währungssystem von einem Zustand des fast vollständigen Gleichgewichts in den Zustand des Ungleichgewichts über. Und bis zum heutigen Tag ist keine Tendenz zurück zum Gleichgewicht erkennbar, die Gemeinschaft befindet sich weiterhin im Zerfall, die Ungleichgewichtigkeit nimmt zu. Ich vergleiche den Rhythmus dieser Entwicklungen mit den Auf- und Abschwungsbewegungen auf den Finanzmärkten. Nach der Wiedervereinigung ist die Europäische Gemeinschaft in eine Abschwungsbewegung eingetreten. Zunächst gab es den Versuch, die Gemeinschaft zu stärken, damit sie imstande wäre, die radikalen Veränderungen zu verkraften, die aus dem Zusammenbruch des sowjetischen Reiches folgten: Das war der Vertrag von Maastricht.

Maastricht schon hatte etwas von einer Verzweiflungstat, aber der Vertrag hätte trotzdem einen erfolgreichen Prozeß einleiten können. Statt dessen scheiterte er, denn die Politiker liefen der Öffentlichkeit allzu weit voraus. Dänemark lehnte in der Volksabstimmung das Abkommen ab, und darauf folgte der Zusammenbruch des Wechselkurssystems. Das Referendum in Dänemark war der Höhepunkt des »Booms« und der Punkt der Trendwende zugleich. Wie lange der neue, gegenwärtig noch anhaltende Trend zur Desintegration fortdauern wird, kann man nicht vorhersagen. Aber es muß schon etwas sehr Dramatisches passieren, um den Trend wieder umzudrehen.

Warum wollte Ihrer Meinung nach die Öffentlichkeit bei den Vereinigungsschritten den Politikern nicht folgen?

Vermutlich, weil alles viel zu schnell ging. Maastricht war ein angestrengter Versuch, vorwärtszukommen, worauf die Menschen nicht vorbereitet waren.

Waren die Westeuropäer in ihrer schwindenden Begeisterung für das vereinte Europa nicht vielmehr beeinflußt durch den osteuropäischen Nationalismus vor ihrer Haustür?

Nein, der Vorgang war komplizierter. Alles fing mit dem Zusammenbruch der Sowjetunion an, diesem wahrhaft revolutionären Ereignis. Eines seiner wichtigsten Folgen war die Befreiung Ostdeutschlands und die darauffolgende Wiedervereinigung Deutschlands. Das Tempo der Veränderungen nahm in einem unglaublichen Maße zu. Die Menschen aber können sich nicht so schnell ändern, und im Fall von Dänemark handelte es sich einfach um Mißtrauen, um Angst vor dem Unbekannten. Die Ängste dort sind analysiert worden: Es waren Ängste beispielsweise vor einer europäischen Armee, wo Dänen vielleicht unter dem Kommando deutscher Offiziere hätten dienen müssen. Es konnte gewiß nicht vorhergesagt werden, wie das dänische Referendum ausgehen würde, und die Mehrheit, mit der der Vertrag von Maastricht abgelehnt wurde, war minimal. Aber sie reichte aus, um den Trend zu wenden.

Und selbst damit war noch nicht alles entschieden: Wäre auf die Niederlage in Dänemark in ganz Europa eine Welle der Unterstützung für den Vertrag von Maastricht gefolgt, wäre der Trend zur Einigung verstärkt und nicht gebrochen worden. Darauf folgte dann die Währungskrise.

Die Trendwende wurde zwar ausgelöst durch das dänische Referendum, der Grund für die Desintegration jedoch liegt im wesentlichen im Ungleichgewicht, das im vereinigten Deutschland entstanden ist, und in der Art und Weise, wie dieses Ungleichgewicht gehandhabt wurde. Das Ungleichgewicht, das die Bundesbank mit der Bundesregierung in Konflikt brachte, führte auch zur Zerstörung des monetären Systems. Es war eine Interaktion von politischen und finanziellen Entwicklungen.

Bundeskanzler Kohl hat seinerzeit sehr richtig erkannt, daß er in der gegebenen Lage entschlossen, schnell, eindeutig und im europäischen Kontext handeln mußte. Aber die deutsche Regierung – und vielleicht auch Kohl selbst – hat die Kosten der Wiedervereinigung gefährlich falsch eingeschätzt, und sie war auch nicht dazu bereit, diese Kosten entweder durch Steuererhöhungen oder durch Einsparungen bei anderen Ausgaben aufzubringen. Das führte zu Spannungen zwischen der Bundesbank und der Regierung auf zwei Ebenen: Zum einen handelte die Regierung gegen den ausdrücklichen Rat der Bundesbank, als sie beschloß, die Mark der DDR zu großen Teilen eins zu eins gegen Westmark umzutauschen. Zum anderen machte die sehr lockere Fiskalpolitik, das heißt, das große Haushaltsdefizit, auf der Seite der Bundesbank eine ebenso straffe monetäre Politik notwendig, um das monetäre Gleichgewicht wiederherzustellen. Die neugeschaffene Kaufkraft führte zu einem inflationären Boom, und das Haushaltsdefizit heizte die Lage noch an. Die Bundesbank, die durch das Grundgesetz dazu verpflichtet ist, den Wert der deutschen Währung zu wahren, handelte gewissenhaft: Der Diskontsatz wurde auf fast zehn Prozent erhöht. Diese Politik jedoch, die in Deutschland das monetäre Gleichgewicht herstellen sollte, führte zu einem Ungleichgewicht innerhalb des Europäischen Währungssystems. Es dauerte noch eine Weile, bis sich die Folgen allmählich zeigten: Die von der Bundesbank verfolgte monetäre Politik führte zur tiefsten Rezession seit dem Zweiten Weltkrieg in ganz Europa. Das konnte deswegen geschehen, weil die Mark zugleich die Ankerwährung des Europäischen Währungssystems ist.

Aber es gab noch einen Konflikt, auf der institutionellen Ebene. Kanzler Kohl wollte die Wiedervereinigung unbedingt in einen europäischen Kontext einbetten. Er einigte sich mit Mitterand darauf, parallel zur Wiedervereinigung Europa zu stärken. Das Ergebnis dieser Verhandlungen, die in äußerster Eile und unter großem Druck geführt wurden, war der Maastrichter Vertrag. In diesem Vertrag hatte Kohl die Bundesbank »verkauft«, denn in Zukunft sollte die Europäische Gemeinschaft Gebieter über die monetäre Politik in der Europäischen Gemeinschaft werden. Das hätte das Gewicht der Bundesbank reduziert, sie wäre dann nur noch eine Bank unter zwölf. Das bedrohte die Bundesbank in ihrer institutionellen Existenz, und vielleicht war das die wichtigste Ebene des Konflikts überhaupt. Ob das der Führung der Bundesbank bewußt war oder nicht: Seit dem Vertrag von Maastricht war sie bemüht, Bedingungen zu schaffen, unter denen die Verträge nicht verwirklicht werden konnten.

War es nicht vielmehr umgekehrt? Die Maastrichter Verträge waren doch in gewisser Weise ein Sieg der Bundesbank gewesen: Der Europäischen Zentralbank wurden die gleichen Regeln des Handelns vorgeschrieben, wie sie von der Bundesbank jahrzehntelang befolgt wurden.

Natürlich. Und trotzdem entmachteten sie die Bundesbank. Sie wird die Macht, die sie jetzt hat, nicht mehr haben. Sie soll als Institution durch eine andere ersetzt werden. Zwar wurden die Bedingungen akzeptiert, die die Bundesbank für die Sicherung einer stabilen Währung für notwendig hält, aber es wird nicht mehr die Bundesbank sein, die über die monetäre Politik in Europa entscheidet. Die Zentralbank ist der geistige und intellektuelle Nachfolger der Bundesbank, aber sie wird nicht aus Deutschen, sondern aus Europäern bestehen. Obwohl die Bundesbank die geistige Mutter des Nachfolgers ist, werden sich ihre Kompetenzen vermindern.

Kennen Sie jemanden persönlich von der Bundesbank?

Ja, ich habe Schlesinger, Tietmayer und andere auf Kongressen und bei Vorträgen getroffen und auf ihre Bemerkungen immer achtgegeben. Aufgrund dieser Beobachtungen habe ich meine Hypothese für den Eigengebrauch aufgestellt, und ich ließ mich von ihr in meiner Auslegung der Aktionen, besonders aber der Verlautbarungen der Bundesbank leiten. Alles, was ich Ihnen dazu sagen kann, ist, daß in der Praxis die Ergebnisse meine Hypothese bestätigt haben. Mit Hilfe dieser Interpretation habe ich gewisse Ereignisse vorhergesehen, unter anderem, daß die Bundesbank die Lire und das Pfund ab einem bestimmten Punkt nicht mehr stützen würde.

Selbst wenn Ihre Annahmen stimmen sollten, die Politik der Bundesbank ist von Deutschland aus gesehen durchaus logisch und den deutschen Interessen dienlich. Außerdem ist sie ihr im wesentlichen durch das Grundgesetz vorgeschrieben.

Ich verstehe diese innerdeutsche Logik durchaus. Die Bundesbank mußte die Zinsen erhöhen, um dem einheimischen Ungleichgewicht entgegenzusteuern. Aber das führte zu einem Konflikt zwischen der innerdeutschen Verantwortung, die sie als die Hüterin der stabilen Währung hat, und ihrer internationalen Verantwortung als Bank der europäischen Ankerwährung. Die innerdeutsche Notwendigkeit zwang sie zu einer sehr strengen monetären Politik. Die internationale Verantwortung hätte sie veranlassen sollen, nach einer gewissen Zeit, als die Rezession tiefer wurde, die Zinsen zu senken. Ihre Politik war unmittelbar nach der Wiedervereinigung berechtigt. Dann jedoch kam die Periode des Konflikts zwischen ihren nationalen und internationalen Verpflichtungen, und die Verantwortlichen der Bundesbank haben sich für die nationalen Verpflichtungen entschieden.

Sie können eine nationale Institution nicht beschuldigen, den nationalen Interessen entsprochen zu haben.

Dafür kritisiere ich die Bundesbank auch nicht. Aber zum einen hat ihre Politik nach einer gewissen Zeit nicht einmal mehr den nationalen Interessen entsprochen. Zum anderen hat sie auf internationaler Ebene zu einer Situation beigetragen, in der auch die anderen Länder ihren Verpflichtungen nicht mehr nachkommen konnten. Es ist nicht so sehr die Frage von Schuld, mir kommt es darauf an, den Prozeß zu verstehen. Die Bundesbank ist eine verantwortliche und professionell arbeitende Institution, aber das Maß, in dem sie versucht hat, ihre institutionelle Macht zu erhalten, geht über die legitime Nutzung dieser Macht hinaus. Sicherlich schreiben ihr die deutschen Gesetze vor, die Stabilität der Währung zu erhalten, aber sie schreiben ihr gewiß nicht vor, ihr institutionelles Überleben zu sichern. Wenn die deutsche Regierung eine

Vereinbarung trifft, die Maastrichter Verträge, die perspektivisch die institutionelle Macht der Bundesbank reduziert, und diese Bank deshalb dieser Vereinbarung zuwiderhandelt, dann hat sie ihre Befugnisse überschritten. Die Beschuldigung, die ich ausspreche, ist sehr schwerwiegend und kann von mir nicht bewiesen werden. Aber wie schon gesagt, ich habe nach dieser Hypothese gehandelt, und die Ereignisse entsprachen meinen Erwartungen. Beweise habe ich keine, nur Indizien.

Sollte Ihre Hypothese richtig sein, müßten Sie allerdings nachweisen, daß in bestimmten Situationen andere Entscheidungen möglich gewesen wären.

Zurückblickend kann ich Ihnen sagen, wie die Krise hätte überwunden werden können: Zeitweilig hätte die Mark floaten müssen, man hätte sie für eine gewisse Zeit vom Rest des europäischen Währungsgefüges trennen müssen.

Wann?

Unmittelbar nach der Wiedervereinigung. Das aber ist etwas, was ich nur rückblickend feststellen kann. Damals, als es hätte getan werden müssen, war die Lage auch mir nicht klar. Durch diese Maßnahme hätte man die Zerstörung des Währungssystems vermeiden können.

Die von Ihnen vorgeschlagene Maßnahme wäre in Deutschland innenpolitisch gewiß nicht durchsetzbar gewesen, da sie innerhalb kürzester Zeit zu einer tiefen Krise in der deutschen Wirtschaft geführt hätte.

Nein, nicht im geringsten. Sie hätte den Prozeß der Anpassung an die neuen Bedingungen beschleunigt. Denn das, was jetzt über eine Periode von mehreren Jahren geschieht, das wäre dann innerhalb von Monaten geschehen, und diese kürzere Anpassung hätte vermutlich zu einer weniger tiefen Rezession geführt als die gegenwärtige.

Die Lage Deutschlands nach der Wiedervereinigung weist eine starke Parallele zu der Lage der USA in der Zeit auf, als Reagan sein großes Aufrüstungsprogramm durchführen ließ, in den frühen achtziger Jahren. Er vergrößerte den Verteidigungshaushalt, aber die Steuern wurden nicht erhöht, er ließ geborgtes Geld ausgeben. Wir hatten ein riesiges Haushaltsdefizit und einen großen Wirtschaftsaufschwung infolge des Booms der Rüstungsindustrie, und wir hatten eine starke Währung, weil die Zinsen wegen der guten Wirtschaftslage in die Höhe gingen. Die hohen Zinsen und die starke Ökonomie übten eine große Anziehungskraft auf das ausländische Kapital aus. Diese Erscheinung nannte ich Reagans »imperialen Kreislauf«.

Die Wiedervereinigung Deutschlands erzeugte einen ähnlichen »imperialen Kreislauf«. Der deutsche »imperiale Kreislauf« zeichnet sich ebenfalls durch ein hohes Haushaltsdefizit aus, denn man hat sehr viel Geld in Ostdeutschland gesteckt. Die Gelder wurden ebenso unproduktiv angelegt, wie es bei der amerikanischen Hochrüstung der Fall war. Auch die Auswirkungen waren die gleichen: Sie haben den Kurs der jeweiligen Währung nach oben getrieben. Aber weil es das Europäische Währungssystem gab, zerrte die Mark alle anderen europäischen Währungen mit sich, und tatsächlich wurden sie alle zusammen dem Dollar gegenüber sehr stark. Statt dessen hätte die Mark den europäischen Währungen gegenüber stark werden müssen. In Deutschland gab es zunächst einen Boom, in den anderen Ländern Europas jedoch nicht, sie hatten ja schließlich keine Wiedervereinigung, dort hatte man den Leuten kein Geld zum Ausgeben geschenkt. England, Frankreich und Italien hatten keinen Boom, wurden jedoch durch das Währungssystem gezwungen, so zu tun, als hätten sie einen, und deshalb rutschten sie immer tiefer in eine Rezession hinein.

Sie können Deutschland doch nicht allein für die Rezession in Großbritannien, Frankreich und Italien verantwortlich machen. Diese Länder hatten ihre eigenen Rezessionen und Strukturkrisen.

Natürlich hatten sie ihre eigene Rezession. Die Briten beispielsweise haben die vermutlich dümmste Entscheidung ihrer Nachkriegsgeschichte getroffen, als sie sich dem Europäischen Währungssystem nach der deutschen Wiedervereinigung angeschlossen hatten. Sie steckten ihren Hals freiwillig in die Schlinge.

Und die Italiener, natürlich hatten sie ihre eigene Krise, eine, die einer Revolution gleichkam. Aber diese Krisenerscheinungen wurden durch die Politik Deutschlands vertieft und sind kaum mehr zu bewältigen. In Italien gab es eine durchaus starke Ökonomie, aber das politische System war total verrottet, das enorme Haushaltsdefizit wurde vollkommen unproduktiv verwendet, weil die Finanzmittel in ein verrottetes Parteiensystem und in eine korrupte Bürokratie geflossen sind. Das war noch unproduktiver als ein Rüstungsprogramm. Das Haushaltsdefizit stieg schnell, und auch die Italiener waren gezwungen, im Ausland Geld zu borgen. Die Tatsache, daß Deutschland ein starker Konkurrent im Geldborgen war, machte es jedoch schwieriger und vor allem viel teurer, an Geld zu kommen. Deshalb nahm das Vertrauen zur italienischen Währung ab.

Und die Bundesbank hat dieses Mißtrauen nachweislich gefördert. Ich selbst hörte Schlesinger über den ECU sprechen: Er sagte, die internationalen Investoren – er nannte sie nicht Spekulanten – würden einen großen Fehler machen, wenn sie sich den ECU als einen festgelegten Korb von Währungen vorstellen würden, der Korb sei durchaus noch nicht festgelegt.

Wie interpretieren Sie das?

Daß die Lira Schlesingers Meinung nach nicht unbedingt hineingehörte, weil sie als ungesund eingeschätzt wurde. Daß man nicht vorhatte, den damaligen Wechselkurs langfristig zu halten. Zur gleichen Zeit fragte ich auch, was er von einer gemeinsamen Währung halte. Er sagte, er möge den Namen ECU nicht. Hieße die gemeinsame Währung Mark, würde er sich etwas wohler fühlen. Diejenigen, die intelligent genug waren zu verstehen, was die Bundesbank sagte, und ihr gefolgt sind, die erkannt haben, daß die Bundesbank die stärkste Kraft im monetären System Europas war, die geahnt haben, was sie erreichen wollte, die konnten eine Menge Geld verdienen.

Und Sie gehören dazu?

Sicherlich. Es war, wie wenn Sie auf die Jagd gehen mit all den Hunden und mit dem Geruch der Beute in der Nase. Und die Bundesbank war der Jagdmeister. Das war auch im Falle des Pfundes so. Ich bin nur der Spur gefolgt, die die Bundesbank gelegt hatte.

Wo hat Sie diese Spur hingeführt, als Sie versucht haben, gegen die Mark zu spekulieren?

Ich hatte die Einschätzung, daß die Bundesbank den richtigen Moment verpaßt hat, um die Zinsen zu senken, ohne die Position der Mark dem Dollar gegenüber zu schwächen.

Wir wissen inzwischen, daß Sie etwa eine Milliarde Dollar Gewinn gemacht haben mit der Spekula-

tion gegen das Pfund. Wieviel haben Sie an der Mark verloren?

Ich habe kein Geld an der Mark verloren, im Gegenteil. Als ich meine Ansicht über die Probleme der Mark öffentlich erklärt habe – die viele in Deutschland so geärgert hat –, war der Dollar gegen die Mark gerade von 1,60 auf mehr als 1,70 gestiegen. Dann aber kam die Franc-Krise in Frankreich, die ich rechtzeitig erkannt habe. Hätte ich es nicht erkannt, daß die Krise in Frankreich die Lage der Mark gegenüber dem Dollar ändern würde, hätte ich tatsächlich viel Geld verloren.

Und wie war das im Falle des englischen Pfund?

Wir haben Pfund gegen Dollar und Mark verkauft, zu dem zu hohen Preis, der im Europäischen Währungssystem festgelegt war. Damit wir das tun konnten, mußten wir Kredite aufnehmen. Wir wollten ursprünglich zehn Milliarden Pfund verkaufen, weil sich jedoch die Ereignisse überschlugen, wurden es weniger. Der Zwang zur Intervention, der die europäischen Notenbanken unterlagen, und die erklärte Absicht Englands, das Pfund im Wechselkursverbund zu belassen, machten das Risiko, das wir dabei eingingen, sehr gering. Nach dem Ausscheiden des Pfunds aus dem Europäischen Währungssystem und seiner Abwertung haben wir Mark gegen Pfund zurückgekauft und unsere Kredite zurückgezahlt.

Es war mir auch im Fall des französischen Franc klar, daß die Bundesbank nichts tun würde, um ihn zu stützen. Trotzdem habe ich nicht gegen den Franc spekuliert, weil ich nicht als derjenige dastehen wollte, der das Europäische Währungssystem zerstört, auch wenn es in Wirklichkeit an den eigenen Fehlern kaputtging. Ich wollte, daß es klar ist, bei wem die Verantwortung liegt.

In den letzten Monaten hat sich die Lage in Europa beruhigt. Glauben Sie immer noch, daß sich die Desintegration fortsetzt?

In der Tat, die Lage hat sich beruhigt. Vor allem deshalb, weil das System auseinandergefallen ist. Ein System, das eine Bandbreite von fünfzehn Prozent der Schwankungen erlaubt, kann kaum noch als System bezeichnet werden. Die Gefahr für die Bundesbank ist vorbei, und daher ist der Boden für Kooperation wieder fester.

Wenn Sie über Geldgeschäfte sprechen, hört sich das oft sehr moralisch an. Hat Geld, haben Geschäfte Moral?

Ich bin davon überzeugt, daß jede wirtschaftliche Tätigkeit einen tiefen moralischen Aspekt hat. Wenn man auf dem Markt agiert, hat man allerdings keine so große moralische Verantwortung, wie wenn man beispielsweise eine Fabrik betreibt. Es liegt in der Natur des Marktes, daß diejenigen, die dort agieren, anonym sind. Wenn man eine Sache selbst nicht tut, gibt es immer jemanden, der es tun wird. Meine Handlungen als Individuum ändern nicht viel am Verhalten des Marktes insgesamt. Es gehört zur Definition des Marktes schlechthin, daß kein Individuum einen Einfluß auf das Ergebnis hat, das letztlich herauskommt. Wenn das aber wahr ist, muß man sich keine besonders große Sorgen um die moralischen Aspekte dessen machen, was man dort getan hat. Natürlich gibt es selbst unter diesen Bedingungen Dinge, die man nicht tun sollte. Man sollte nicht die Gesetze brechen, und es gibt noch andere – vielleicht selbstauferlegte – Einschränkungen, denen man sich unterwerfen sollte.

Ich war ein anonymer Beteiligter der Pfund-Krise. Ein großer Beteiligter zugegeben. Aber der Gedanke, daß ich schuld an den Ereignissen gewesen sein könnte, ist mir nicht einmal im Traume gekommen. Die Ereignisse hätten sich auch ohne mich in der fast gleichen Weise abgespielt. Es gab eine Menge anderer Investoren, die genauso handelten wie ich. Ich war einer unter vielen.

Das hat sich nach der Pfund-Krise freilich geändert. Ich wurde zur Personifizierung des spekulativen Anlegers schlechthin, ich wurde zu einer öffentlichen Persönlichkeit. Und plötzlich hatte alles, was ich dachte, sagte oder tat, einen großen Einfluß auf den Markt, denn alle versuchten, mir zu folgen. Ich wurde zum Leithammel. Damit hat sich aber die moralische Lage geändert. Jetzt kann ich in der Tat Ereignisse heraufbeschwören. Und weil ich der Auffassung bin, daß die Erwartungen der Beteiligten auf dem Markt sehr wohl die Ereignisse dort selbst beeinflussen können, kann ich auch nicht mehr behaupten, ich sei ein anonymer Beteiligter des Marktgeschehens.

War dies der Grund dafür, daß Sie sich im Falle des Franc zurückgehalten haben?

Ja. Freilich, in einigen Fällen habe ich nicht gegen den Franc spekuliert, weil ich das Gefühl hatte, die Transaktion sei nicht gut begründet, und der Franc könnte verteidigt werden. Und da ich gerne auf der Seite derjenigen war, die den Franc verteidigen wollten, so spekulierte ich gegen die Spekulanten, nicht in allzu großem Maße, aber doch. Ich sah keine Gründe für Zurückhaltung, ich hatte keine moralischen Probleme damit. Als ich jedoch das Gefühl hatte, die Situation würde unhaltbar werden, übte ich mich in Selbstbeherrschung, und ich schrieb einen Artikel im *Figaro*, in dem ich ankündigte, nicht gegen den Franc zu spekulieren. Zugleich machte ich auch einige Lösungsvorschläge für das Problem. Ich sagte, daß es selbst in diesem fortgeschrittenen Stadium sinnvoll sei, ein neues Wechselkurssystem zu installieren, in dem England, Italien, Frankreich und Spanien gemeinsam gegen die Deutsche Mark floaten. Das wäre gewiß besser gewesen als der tatsächliche Verlauf, nämlich einen überbewerteten Franc zu haben, der fest an die Deutsche Mark gebunden ist. Dieser Zustand war sehr schädlich für die französische Wirtschaft. Nachdem sich meine schlimmsten Erwartungen bestätigt hatten, als die Bundesbank entschieden hatte, den Diskontsatz weiterhin nicht zu senken, wartete ich noch einen weiteren Tag, was die Franzosen tun würden, da es nun doch offenkundig war, daß der Franc nicht mehr würde verteidigt werden können. Danach fühlte ich mich frei, so zu handeln, wie es mir opportun erschien. Ich war wieder ein privater Bürger.

Die vielen Spekulanten, folgten Sie Ihnen auch bei dieser moralischen Entscheidung wie einem Leithammel?

Nein, das glaube ich nicht. Und ich glaube auch nicht, daß sie moralisch dazu verpflichtet sind, denn sie sind anonyme Teilnehmer des Marktgeschehens. Selbst wenn einige Leute moralische Skrupel gehabt hätten, dann wären für sie wieder andere in die Bresche gesprungen.

Sie meinen, Ihre moralischen Bedenken sind nicht normativ?

Sie sind es nicht, sie hängen mit meinem Status als Guru zusammen. Die Krise des europäischen Wechselkurssystems war ohnehin ein Sonderfall. Ich wollte Einfluß auf die öffentliche Meinung nehmen, weil mir sehr viel am vereinigten Europa liegt. In diesem Falle gab es tatsächlich einen Konflikt zwischen meinen geschäftlichen Interessen und meinen politischen Überzeugungen. Insofern hatte ich damit ein besonderes Problem. Ich war der Ansicht, daß es unumgänglich notwendig sei, die Verbindung zwischen der Mark und dem Franc zu unterbrechen. Ich wollte auf der einen Seite nicht derjenige sein, der das herbeiführt, auf der anderen Seite war ich davon überzeugt, daß es eine Befreiung für den Franc werden würde.

Seltsamerweise paßten die französischen Verantwortlichen ihr Denken der neuen Lage nicht an, und sie setzten die Franc-Fort-Politik fort, als wären sie immer noch in der gleichen Zwangslage. Im französischen Fernsehen habe ich das auch angesprochen: Die Verantwortlichen Frankreichs verhielten sich wie die verprügelte Ehefrau, die aus dem Krankenhaus reuig zu ihrem Ehemann zurückkehrt, sagte ich. Das ärgerte – verständlicherweise – die Betroffenen in Frankreich. Heute bin ich der Meinung, daß es falsch war, den Franzosen politische Ratschläge zu erteilen. Ein Spekulant sollte spekulieren und seinen Mund halten. Ich habe meine Lektion gelernt.

Aber am Ende ist es den Franzosen doch gelungen, die alte Parität zwischen Franc und Mark herzustellen?

Das ist wahr. Aber die Wirtschaft befindet sich weiterhin in der Rezession. Mein Vorschlag war, die Zinsen radikal zu senken, auf sagen wir drei Prozent. Der Franc wäre der Mark gegenüber radikal gefallen, aber die Abwertung wäre nur vorübergehend gewesen. Der Franc hätte sich erholt, sobald sich die französische Wirtschaft erholt hätte. Die Rezession schwächt ganz Europa.

Sollen die Menschen nun glauben, daß Sie als Spekulant von moralischen Erwägungen geleitet werden?

Nein. Aber ich bin in einer ungewöhnlich günstigen Situation, wenn es um moralische Entscheidungen geht. Ich war in den letzten Jahren geschäftlich sehr erfolgreich, und ich muß mich daher – ob man es glauben will oder nicht – keineswegs verzweifelt bemühen, Geld zu verdienen.

Was halten Ihre Geschäftspartner von dieser Großzügigkeit?

Natürlich bin ich meinen Anlegern gegenüber verantwortlich. Aber auch in dieser Hinsicht ist meine Lage einmalig. Meine Verantwortung den Anlegern gegenüber ist anders als bei den meisten professionellen Fonds-Managern. Ich habe in den Fonds mein eigenes Geld investiert, und ich führe den Fonds, als wäre es mein eigenes Geld. Die Natur des Vertrages zwischen den Investoren und mir legt fest, daß wir Partner sind. Ich tue für Sie, was auch immer ich für mich selber tue. Deshalb gehe ich Risiken ein, die ich, wenn ich ein treuhänderischer Verwalter wäre, nicht eingehen würde. Meine Aktionäre verstehen das sehr gut. Die Interessengemeinschaft erlaubt es mir, meine begründeten Interessen zu verfolgen. Und weil meine Aktionäre mit dieser Methode bisher sehr gut gefahren sind, hat noch niemand Einspruch erhoben. Ich bin mir allerdings sicher, daß sich meine Aktionäre wegen meiner Zurückhaltung in diesem bestimmten Fall gewisse Sorgen gemacht haben, und sollte ich in der nächsten Zeit keine Erfolge aufweisen können, werden sie ihr Geld aus dem Fonds zurückziehen. Aber auch das würde mir keine großen Sorgen machen. Sie sehen also, daß ich in einer sehr privilegierten Lage bin.

Gibt es nicht trotzdem eine allgemeinere, für alle gültige Moral des Geldes?

Doch, davon bin ich überzeugt. Ich wollte nur sagen, daß ich es mir leisten kann – und in gewisser Weise bin ich dazu gezwungen –, mir gegenüber höhere Maßstäbe anzulegen. Was ziemlich anstrengend ist, denn so muß ich heiliger sein, als ich es nach meinem Charakter an und für sich sein würde. Ich bin nämlich gar nicht heilig, und die Gefahr, daß ich aus der Rolle falle, besteht zu jeder Zeit. Das ist der Preis dafür, daß ich eine öffentliche Persönlichkeit geworden bin.

Was wären die Prinzipien einer allgemeinen, für alle gültigen Moral?

Moralische Erwägungen sind erst von Bedeutung, wenn die eigenen Aktivitäten dazu geeignet sind, den Gang der Ereignisse zu beeinflussen. In der Vergangenheit gab es Anleger, die sich geweigert haben, Aktien von Unternehmungen zu kaufen, die alkoholische Getränke oder Tabakwaren hergestellt haben. Ich glaube nicht, daß dies die Blüte der Alkohol- und Tabakindustrie auch nur geringfügig beeinflußt hat. Moralische Einschränkungen dieser Art haben in meinen Augen nicht viel Sinn.

Sind Sie der gleichen Meinung hinsichtlich der Rüstungsindustrie?

Ja, durchaus. Auf der anderen Seite war ich überrascht, wie erfolgreich der Boykott Südafrikas war. Es hat hier in den Vereinigten Staaten einen Boykott südafrikanischer Anlagen gegeben. Amerikanische Institutionen, vor allem Aktivisten an den Universitäten, haben eine mächtige Kampagne betrieben gegen den Besitz oder den Kauf südafrikanischer Aktien. Und in der Tat, Südafrika wurde gezwungen, seine Politik zu ändern. Ich glaube zwar nicht, daß der Boykott dabei der ausschlaggebende Faktor war, aber er war gewiß einer der Faktoren. Ich habe mich geirrt, als ich glaubte, der Boykott würde gar nichts bewirken können. Seitdem bin ich der Überzeugung, daß im Falle von klar umgrenzbaren Zielsetzungen Boykott ein wirksames Mittel sein kann, um Firmen oder auch Länder dazu zu zwingen, ihre Politik zu ändern.

Ich will Ihnen ein Beispiel nennen. Ich selbst bin dabei, eine Aktion zu organisieren gegen Burma, das eine der schlimmsten Diktaturen mit einer geschlossenen Gesellschaft ist. Die Öffentlichkeit kümmert sich nicht um dieses Land. Das Regime ist extrem unpopulär und auch sehr schwach. Es ist vom Westen abhängig, denn es ist ein gutes Geschäft, es auszuhalten. Die Regierung hat unlängst Verhandlungen mit einigen ausländischen Ölgesellschaften aufgenommen. Ich habe es noch nicht nachgeprüft, aber es heißt, daß es sich dabei um Total und Texaco handeln soll, die dort größere Gasfelder erschließen wollen. Wenn das zutrifft, so möchte ich öffentliche Aktionen gegen diese Firmen organisieren, damit sie von diesem Geschäft abgehalten werden. Das wäre eine machtvolle Botschaft an die Regierung von Burma und könnte möglicherweise zu einer politischen Veränderung in diesem Lande führen. Wenn man genügend Anleger mobilisieren kann, besteht also die Möglichkeit, etwas auszurichten. Wenn man eine kleine Minderheit ist, wie im Falle der Alkohol- und Tabakindustrie, dann kann man nicht viel erreichen.

Gibt es irgendein Geschäft, das Sie unter keinen Umständen machen würden?

Ja, aber auf dieser allgemeinen Ebene ist es nur schwer zu sagen, welche das sein würden. Ich habe zum Beispiel aus moralischen Erwägungen keine südafrikanischen Aktien gekauft. Aber um ehrlich zu sein, die moralischen Bedenken hätten nicht ausgereicht, um mich davon abzuhalten. Hinzu kam das Gefühl, daß die politische Lage in Südafrika sehr ungesund sei. Wäre das Regime zusammengebrochen und hätte ich dort Geld verloren, so hätte ich die Schuld daran mir allein zuschreiben müssen. Ich habe große Investitionen in Peru getätigt, in einem Land, in dem es eine Entwicklung hin zu einer Militärdiktatur geben könnte. Sollte es so kommen, würde ich meine Einlagen nicht behalten. Doch das Wissen darüber hat mich nicht davon abgehalten, zunächst die Investitionen zu tätigen.

Wenn man einmal begonnen hat, moralische Bedenken zu haben, mischen sie sich immer wieder in die wirtschaftlichen Erwägungen ein. Es ist viel leichter, aufgrund eines einzigen Kriteriums, nämlich des Gewinns, zu handeln. Wenn man jedoch ein neues Kriterium wie soziale Verantwortung einführt, wird es schwierig, erfolgreich zu sein. Soziale Verantwortung selbst ist ein sehr zusammengesetztes Kriterium, und man weiß nie, welche Ergebnisse eine bestimme Handlung hervorbringt. Es liegt in der Natur des sozialen Handelns, daß seine Folgen unabsehbar sind. Gute Vorsätze zu haben, reicht bei weitem nicht aus.

Ist Spekulation parasitär?

Spekulanten erfüllen eine sehr wichtige Aufgabe: Sie sind die Kritiker des Marktes. Jede Produktion braucht Kritiker. Ist also der Theaterkritiker ein Parasit? Er lebt ja schließlich von der Existenz der Aufführung.

Die Ungleichgewichte der Weltwirtschaft

Sie haben Volkswirtschaft an der London School of Economics studiert. Welche Auswirkungen hatte Ihr Studium auf Ihre Laufbahn? Gehören Sie einer der Schulen an?

Gewiß hatte mein Studium Auswirkungen. In den ersten zehn Jahren meiner Tätigkeit auf den Finanzmärkten allerdings nur in geringem Maße. Heute helfen mir meine an der Universität erworbenen Kenntnisse schon viel mehr: Inzwischen habe ich eine eigene Wirtschaftstheorie entwickelt, die sich insofern von den gängigen Theorien unterscheidet, daß ihr Kern nicht die Gleichgewichts-, sondern die Ungleichgewichtszustände sind. Und diese eigenständige Theorie war mir sehr nützlich, denn sie ist meiner Auffassung nach für meine finanziellen Erfolge im wesentlichen verantwortlich. Es ist nicht der einzige Faktor, aber ein wichtiges Element.

Wenn ich mich selbst betrachte, glaube ich, daß diese Theorie der wichtigste Teil von mir ist. Meine Ansichten über die Auf- und Abschwungsperioden der europäischen Einigung sind auch nur verständlich vor dem Hintergrund meiner theoretischen Auffassungen. Die Öffentlichkeit achtet leider nur darauf, wieviel Geld ich verdiene, vielleicht achtet sie auch nur auf meine Stiftungen, aber sie achtet nicht darauf, was hinter all diesen Aktivitäten steckt.

Was steckt also dahinter?

Der Grundgedanke befaßt sich mit dem Denken der Teilnehmer in einer Situation und der Entwicklung der Situation selbst. Obwohl ich inzwischen einige Bücher über meine Ansichten geschrieben habe, ist es mir immer noch nicht gelungen, meine Idee richtig zu vermitteln. Ich gehe davon aus, daß die Entschlüsse, die die Beteiligten einer Situation treffen, immer ein Modell der Wirklichkeit enthalten, das nicht existiert, das der Wirklichkeit nicht entspricht. Das Denken der Teilnehmer verändert die Situation, ein Problem, das von der Philosophie ja eingehend studiert wurde. Um soziale Vorgänge verstehen zu können, muß man diese Unvollkommenheit des Denkens immer vor Augen haben. Man muß den Unterschied zwischen dem studieren, was die Menschen von der Wirklichkeit denken und was die Wirklichkeit tatsächlich ist.

All die bisherigen Bemühungen, den Markt und sein Verhalten zu verstehen, haben diese Tatsache vernachlässigt. Die Ökonomie ging zunächst von der Existenz des perfekten Wissens aus. Als diese Annahme unhaltbar wurde, fingen die Wissenschaftler an, von der perfekten Information zu sprechen statt dem perfekten Wissen, um die beiden Elemente, Angebot und Nachfrage, auf ein stabiles Fundament zu stellen. Mein Professor an der London School of Economics, Lord Robbins, erfand für das Problem eine brillante Lösung: Er sagte, Wirtschaftstheorie studiere das Verhältnis zwischen Angebot und Nachfrage, und behandelte beide als gegeben. Darin aber steckt die Annahme verborgen, daß Angebot und Nachfrage irgendwie unabhängig von einander existierten. Das ist falsch. Und ganz besonders falsch ist die Annahme, wenn man sie auf die Finanzmärkte anwenden will.

Denn wie bewerten die Menschen Aktien? Das hängt sehr stark davon ab, was auf dem Markt geschieht. Der Preis einer Aktie geht hoch und zieht Käufer an, nicht Verkäufer. Die trendfolgende Spekulation widerspricht also der Annahme, daß Nachfrage und Angebot von einander unabhängig existieren würden.

Der Grund dafür, daß diese falsche Konzeption geboren wurde, liegt im Siegeszug der Naturwissenschaften, in erster Linie der Logik, die dem Newtonschen Weltbild entspricht. Die Wissenschaftler im Bereich der Ökonomie versuchten die Naturwissenschaften nachzuahmen zumindest in einer Weise, die dem Objekt der Untersuchung nicht entsprach. Sie mußten die Tatsache des unvollständigen Wissens und Verstehens eliminieren. Wenn man den Blick auf die Unvollständigkeit des Verstehens richten will, muß man sich mit den Ungleichgewichtszuständen beschäftigen. Märkte kann man besser verstehen, wenn man sie als einen historischen Prozeß betrachtet statt als eine zeitlos gültige Gleichgewichtssituation.

Die Schönheit der Naturwissenschaften aber, die zeitlos gültigen Gesetzmäßigkeiten, die Möglichkeit, aufgrund der Gesetze Ereignisse vorherzusagen, die gibt es in der Ökonomie nicht. Wenn man von der Annahme der Zeitlosigkeit in der Ökonomie wegkommt und feststellt, daß Märkte historisch zu betrachten sind, daß sie eine Zeitrichtung haben und sich verändern, dann verliert man die schönen Gesetzmäßigkeiten der Naturwissenschaften. Man wird zwar immer noch zeitlose Gesetze feststellen können, aber man wird sie am konkreten Fall nicht auf ihre fortwährende Gültigkeit hin testen können. Wenn man sie aber nicht testen kann, dann wird man sich auch damit abfinden müssen, daß man keine Vorhersagen treffen kann. Vorwärts schauen ist zwar immer möglich, aber Vorhersagen kann man nicht treffen.

Wollen Sie damit sagen, daß die Ökonomie als Wissenschaft gar nicht existiert?

Doch, aber innerhalb bestimmter Grenzen. Übrigens auch in den Naturwissenschaften kann man zwar vorhersagen, wie der Lauf der Planeten sein wird, aber man kann nicht vorhersagen, welches einzelne Atom wann zerfallen wird. In der Ökonomie kann man ziemlich weitgehende Vorhersagen machen, zum Beispiel im Bereich der Erzeugermärkte, aber schon in viel geringerem Maße auf den Finanzmärkten. Dort befassen wir uns nicht mit Informationen, sondern mit Vorwegnahmen. Selbst wenn wir annehmen, man hätte perfekte Informationen, würde das nicht heißen, man hätte ebenso perfekte Vorwegnahmen. Auf den Herstellermärkten sind Vorwegnahmen nicht so wichtig. Aber selbst dort kann die Wirtschaftstheorie versagen.

Ich sehe die Geschichte wie eine Art Reißverschluß: Die beiden Seiten des Reißverschlusses, die Wirklichkeit und das Denken darüber, sind in einem einmaligen Verhältnis miteinander verbunden – aber nur für die Vergangenheit, die Zukunft ist nicht determiniert. Der Reißverschluß ist geschlossen bis zu einem Punkt, bis zur Gegenwart, von dort an ist er auf.

Aufgrund der Erfahrungen, die ich in der Revolution der letzten Jahre in Osteuropa gemacht habe, bin ich mit meiner Theorie weitergekommen. Das bisher Gesagte ist nicht besonders bedeutend, auch nicht sonderlich originell. Es erklärt auch nicht allzuviel, es besagt nur, daß die herkömmlichen Auffassungen von Ökonomie in meinen Augen falsch sind. Meine neue Erfahrung war, daß unter bestimmten Bedingungen, wenn die wirtschaftlichen und gesellschaftlichen Verhältnisse dem Gleichgewicht nahe sind, der Abstand zwischen dem Denken der Menschen und der Wirklichkeit nicht allzu groß ist. Es gibt andere Zustände, unter denen die Diskrepanz die normalen Grenzen überschreitet, das heißt, die aktuelle Lage und das Verständnis von ihr können sehr weit auseinanderliegen, ohne daß eine Tendenz zur Annäherung erkennbar wäre. Unter solchen

Bedingungen ist der Ablauf der Ereignisse vollkommen anders als unter den Bedingungen des Gleichgewichts.

Es gibt zwei verschiedene Ungleichgewichtszustände. Der eine zeichnet sich dadurch aus, daß es gar keine Veränderungen gibt, eine exzessive Veränderungslosigkeit also, wie beispielsweise der Stalinismus. Die Ideologie war starr und festgelegt, hatte jedoch mit den tatsächlich vorhandenen Verhältnissen in der Sowjetunion und in der Welt nur wenig zu tun. Es existierte eine große Abweichung zwischen Ideologie und Wirklichkeit, ohne Tendenz zur Versöhnung. Der andere Ungleichgewichtszustand ist das Gegenteil davon: ein Exzeß von Veränderungen. Das Tempo der Veränderungen beschleunigt sich in einem solchen Maße, daß das Verständnis der Menschen mit den Veränderungen der Wirklichkeit nicht schritthalten kann. Das sind die revolutionären Zustände. Ein Beispiel dafür sind die stürmischen Veränderungen, die in der letzten Zeit auf dem Gebiet der ehemaligen Sowjetunion stattgefunden haben.

Diese exzessiven Veränderungen kann man auf den Finanzmärkten besonders gut studieren, an den sogenannten *Boom/Bust*-Sequenzen. Der Schritt, den ich in meinem Denken vorwärts gemacht habe, war, daß diese *Boom/Bust*-Prozesse nicht immer vorhanden sind, sie stellen sich keineswegs jeden Tag ein. Sie entstehen nur unter spezifischen Bedingungen. Wenn es jedoch soweit ist, fängt die Welt an, nach einem anderen Muster zu funktionieren. *Boom/Bust*-Sequenzen können nicht wie alltägliche Ereignisse verstanden werden. Darum sagte ich vorhin, daß man Finanzmärkte am besten als einen historischen Prozeß verstehen kann. Das gilt jedoch nicht immer, es gilt nur in eben diesen bestimmten Situationen.

Als ich das begriffen hatte, entdeckte ich auch, daß ich mich in meinem ganzen Leben am liebsten mit diesen aus dem Gleichgewicht geratenen Situationen beschäftigt habe. Darauf habe ich mich spezialisiert in meinem eigenen Leben, denn sowohl das Nazi-Regime als auch der Kommunismus repräsentierten solche Ungleichgewichtssituationen. Ich hatte mit beiden schon als Jugendlicher Erfahrungen machen können, und offensichtlich war das eine sehr einprägsame Erfahrung. In meinem geschäftlichen Leben habe ich mich ebenfalls auf diese *Boom/Bust*-Prozesse spezialisiert. Ich habe viel Geld auf Märkten verdient, die aus den Fugen geraten waren. Ich glaube, daß ich sie mit dieser Theorie besser verstehe und besser vorwegnehmen kann als andere. Das ist, wenn Sie so wollen, mein Geschäftsgeheimnis.

Bedeutet das, daß Sie mehr ein begnadeter Massenpsychologe sind als ein Finanzfachmann?

Keineswegs. Daß die Märkte von der Psychologie beeinflußt werden, ist eine Banalität. Ich sage vielmehr, daß es eine Konstellation von Bedingungen gibt, unter denen das Verhalten des Marktes zurückwirken kann auf die Grundbedingungen der Wirtschaft oder eines Unternehmens und sie verändern kann.

Ein gutes Beispiel dafür ist der Boom, den die Dritte-Welt-Kreditgeschäfte eine Zeitlang erlebt haben. Nach 1973 hatten die Banken infolge des Ölbooms große Einlagen, aus den ölproduzierenden Ländern kam viel Geld zu ihnen, das sie verleihen konnten. Die Banken verliehen das Geld bereitwillig aufgrund von bestimmten Kalkulationen, die beispielsweise das Verhältnis der Schulden zum Nationalprodukt in einem bestimmten Land oder das Verhältnis der Zinsrate zum Nationalprodukt reflektierten, und so weiter. In den Banken nahm man an, daß man aufgrund objektiver Kriterien handeln würde. Was nicht beachtet wurde, war, daß die eigene Aktivität der Banken, das Geldausleihen selbst, das untersuchte Nationalprodukt geändert hatte. Es gab einen Boom, der durch die Kredite produziert wurde. Das Kriterium, das zur Beurteilung der Wirtschaftslage der Nehmerländer benutzt wurde, war von der Tätigkeit der Banken nicht unabhängig. Es war ein rückwirkender Prozeß.

Nehmen wir das Beispiel Brasiliens: Brasilien hatte in der Zeit Wachstumsraten von etwa acht Prozent. In dieser Periode wurden Rohstoffe sehr hoch bewertet, und es gab einen internationalen inflationären Boom. Die geprüften Verhältnisse sahen sehr gut aus. Je mehr Kredite das Land bekam, um so mehr neue Kredite durfte es weiter aufnehmen. Irgendwann dann haben die Banken festgestellt, daß sie falsch kalkuliert hatten, es gab Zeichen dafür, daß dies eine unhaltbare Entwicklung war. Die Entscheidung der Federal Reserve Bank 1979 unter Paul Volcker, die Zinsen stark zu erhöhen, bereitete der Entwicklung ein Ende.

Damit konnte der Zinsdienst für die akkumulierten Schulden viel schwieriger aufgebracht werden, und die Kalkulationen der Banken fingen an, immer negativer auszufallen.

War das auch der Punkt, an dem die Katastrophe der osteuropäischen Länder begann?

Ja, das war die erste Schuldenkrise in Ungarn, kurz vor der mexikanischen Krise, im Frühjahr 1981. Als die Banken aufhörten, Geld zu verleihen, fielen die angeblich objektiven Schuldenkalkulationen immer katastrophaler aus. Auch fluktuierende Wechselkurse haben diese reflexive Qualität, sie haben die Eigenschaft, von einem Extrem zum anderen zu schwanken im Rhythmus von etwa drei bis fünf Jahren.

Wie aber hilft Ihnen Ihre doch recht abstrakte Theorie bei den alltäglichen Entscheidungen?

Es ist immer gut, darüber Bescheid zu wissen. Im Alltag freilich hilft das wenig. Man weiß nie genau, an welchem Tag eine Wende eintritt. Dafür muß man schon ein bißchen mehr wissen. Es gibt aber gewisse Schlüsselmomente, bestimmte Phasen, die der Prozeß durchlaufen muß, vielsagende Zeichen, aus denen man Schlüsse ziehen kann. Auch mit dieser Theorie kann ich die Zukunft nicht vorhersagen, aber sie macht mich empfindlich. Ich habe ein Modell in meinem Kopf, und ich kann die aktuelle Lage der Dinge mit meinem Modell vergleichen. Natürlich wird man immer Fehler in der Interpretation der Fakten machen. Aber wenn ich eine Bilanz ziehen wollte, so kann ich sagen, daß ich mit dieser Theorie gewiß bessere geschäftliche Ergebnisse erzielt habe, als ich es ohne sie erzielt hätte.

1987 haben Sie große Verluste gemacht. Hat damals Ihre Theorie versagt?

Nein, nein. Ich habe die Lage ganz gut verstanden, aber ich machte einen praktischen Fehler. Ich habe nicht vorhergesehen, daß der *Crash* auf dem amerikanischen Markt geschehen würde, ich dachte, er würde in Japan kommen. Also rüstete ich mich auf einen *Crash* in Japan, und danach wollte ich mich erst auf den *Crash* in Amerika vorbereiten. Das war falsch. Und das um so mehr, als meine Vorbereitung auf einen Zusammenbruch in Japan meine Position in Amerika geschwächt hat. Hätte ich meine Vorbereitungen nicht auf Japan gerichtet, hätte ich womöglich den *Crash* in Amerika gut überstanden.

Kurzum, es wäre besser gewesen, sie hätten gar keine Zusammenbruchserwartungen gehabt?

In diesem Falle ja.

Sie haben aus Ihrer Theorie auch die Forderung abgeleitet, daß Märkte überwacht werden müssen. Warum und in welcher Weise?

Der Markt kann die Beteiligten, die Geschäftsleute und Unternehmer, in ihrem Handeln entweder bestärken oder aber ihnen den Zugang zu Kapital versagen. Das ist eine sehr wichtige Funktion des Marktes. Der jedoch funktioniert nicht einwandfrei, es sind ja schließlich Menschen involviert. An diesem Punkt unterscheide ich mich in meinen Auffassungen von denen, die glauben, der Markt funktioniere einwandfrei. Nein, er tut es nicht, nichtsdestotrotz ist er notwendig. Im Sozialismus war es möglich, eine den Bedürfnissen nicht im geringsten entsprechende Wirtschaft aufzubauen, weil es keine Signale gab, die die Fehler hätten anzeigen können. Die Märkte reagieren immer übertrieben: Mal sind sie übertrieben optimistisch, mal übertrieben pessimistisch. Aber es sind Mechanismen der Selbstkorrektur eingebaut, ein Feedback. Es gibt Alarmzeichen. Allerdings haben Märkte auch ihre Schwächen, insbesondere die Finanzmärkte: Sie sind aus sich heraus instabil. Und daher brauchen sie eine gewisse Regulierung von außen.

Die Neigung des Marktes, instabil zu werden und extrem zu schwanken, hat destruktive Auswirkungen. Ganz besonders *Crashs* haben den Charakter von Explosionen, sie verursachen immensen wirtschaftlichen Schaden, und deshalb muß eine solche Entwicklung unbedingt verhindert werden. Das ist allgemein bekannt, und die Geschichte der Zentralbanken ist nichts weiter als die Geschichte von Zusammenbrüchen, die immer wieder zu Veränderungen in der Struktur der Regulierungen geführt haben. Jede Krise hat neue Regulierungen hervorgebracht. Die Evolution der Regulationsmechanismen hat die Funktionsweise der Finanzmärkte verbessert, auf jeden Fall funktionieren sie so besser als ohne. Aber auch die Regulationen sind nie einwandfrei, und das führt dazu, daß die Märkte immer komplexer werden. Die jeweils neue Regulation wird zum Teil des Marktmechanismus, aber die Komplexität der Situation ist immer größer, als es die Regulierer vorhersehen können, und deswegen kommen immer wieder Krisen auf. Dann gibt es eine neue Medizin für die Krise, und so weiter.

Ich glaube nicht, daß ich damit etwas Ungewöhnliches sage, denn die Zentralbanken sind ja nichts anderes als die Spitze des Regulationssystems. Sie sind die letzten und entscheidenden Kreditgeber. Freilich auch die Zentralbanken können eine falsche Politik betreiben, und daher muß man sich immer der Fehler bewußt sein, die sie begehen können. Wenn ich also die Bundesbank kritisiere, so spreche ich sie nicht schuldig. Ich sage vielmehr, daß es in der Natur einer jeden Aufsichtsinstanz liegt, Fehler zu begehen, denn sie können niemals die volle Realität erfassen und ganz besonders dann nicht, wenn sich die Wirklichkeit sehr schnell ändert.

Vielleicht ist der größte Nutzen meiner Theorie, daß ich der Mangelhaftigkeit meiner Ansichten immer bewußt und bereit bin, sie zu revidieren. Freilich, die Behörden der Finanzwirtschaft können niemals so flexibel sein wie ein Privatmann. Trotzdem überraschte es mich, wie wenig flexibel alle auf die Krise des Europäischen Währungssystems reagiert beziehungsweise nicht reagiert haben, die Deutschen, die Briten, die Franzosen.

Zentralbanken haben immerhin langfristige innenpolitische Verpflichtungen.

Ach, darum geht es nicht. Zentralbanken brauchen Autorität und glauben daher, nicht zugeben zu dürfen, daß sie Fehler gemacht haben. Aber man könnte doch wenigstens die Fehler korrigieren, ohne sie öffentlich zuzugeben.

Sie dagegen sind ein Einmannunternehmen, Sie können täglich Ihre Politik revidieren.

Und ich habe ein todsicheres Kriterium zur Überprüfung der Richtigkeit meiner Politik: den täglichen Wert meines Fonds.

Inwiefern haben die Elektronik und die neuen Informationstechniken die Finanzmärkte verändert? Sind sie durchschaubarer oder eher anfälliger geworden?

Der Einsatz von Computern und speziellen Börsenprogrammen hat die Finanzmärkte grundlegend verändert. Die Reibungsverluste sind reduziert worden. Informationen können schneller weitergegeben werden, der gesamte Ablauf ist beschleunigt worden. Die Reduktion der Reibungsverluste bedeutet auch eine Verminderung der Kosten. Da die Kosten der einzelnen Transaktionen gesunken sind, können in der gleichen Zeit mehr Transaktionen durchgeführt werden, und der Markt ist flüssiger geworden.

Das hat sowohl gute als auch schlechte Seiten. Die Beschleunigung des Börsengeschehens kommt gerade dem Typ von spekulativen Transaktionen zugute, wie ich sie durchzuführen pflege. Es erhöht die Instabilität des Marktes, was seine sorgfältige internationale Überwachung notwendig macht. Es war im Gespräch, daß künstliche Reibungsverluste geschaffen werden sollen, um die extreme Flüssigkeit des Marktes etwas »einzufrieren«, etwas Sand ins Getriebe zu streuen. Gegenwärtig wird das nicht praktiziert, die Idee ist abgelehnt worden. Ich glaube, daß diese Idee solange zurückgewiesen werden wird, bis es zum nächsten *Crash* oder einer sonstwie schwerwiegenden Kalamität kommt.

Viele meinten, der Crash *von 1987 sei von dem massenhaften Einsatz der Informationselektronik verursacht worden.*

Keine Frage, es war so. Der Einsatz von Computern erlaubte eine Technik, die sogenannte Portfolio-Versicherung (*Portfolio Insurance*). Das ist ein Computerprogramm, das seinem Benutzer verspricht, die Verluste in einem Portfolio um einen bestimmten Prozentsatz nicht übersteigen zu lassen. Die dabei benutzte Technik ist, *Index-Futures* zu verkaufen, wenn der Markt schlechter wird. Wenn der Markt nach oben geht, wird man normalerweise vorsichtiger und verkauft, da man jedoch dem Profit vorauseilt, entgeht einem Gewinn. Wenn man dagegen eine Portfolio-Versicherung hat, dann kann man im Markt bleiben, weil man weiß, die Verluste werden auf einen bestimmten Prozentsatz eingeschränkt. Das jedoch hat einen destabilisierenden Effekt, weil es bedeutet, daß nicht verkauft wird, wenn der Markt nach oben geht, dagegen kumuliert verkauft wird, wenn der Markt sowieso schon nach unten geht. 1987 haben sehr viele Marktteilnehmer diese Dienstleistung gekauft, und viele Milliarden Dollar waren versichert gegen den Preisverfall. Mit einer so großen Zahl von Teilnehmern konnte das aber nicht funktionieren.

Werden die Portfolio-Versicherungen immer noch benutzt?

Nein, nicht mehr, sie sind damals diskreditiert worden. Außerdem führten die Aufsichtsbehörden eine neue Bestimmung ein: Wenn die Indexbewegung mehr als fünfzig Punkte beträgt, dann wird der Handel mit *Index-Futures* eingestellt. Daher ist es nicht mehr möglich, auf dem *Future*-Markt kontinuierlich zu reagieren, und es kann nicht zu dem kumulativen Effekt kommen wie 1987.

Ist das eine Marktregelung, die Ihren Vorstellungen entspricht?

Durchaus. Meiner Auffassung nach ist das Entscheidende, daß die Regulation durch den Marktmechanismus selbst geschehen muß. Die Bestimmung, über die wir soeben gesprochen haben, bedarf keiner Bürokratie, sie braucht nur eine Festlegung, die besagt, daß bei einer Bewegung von mehr als fünfzig Punkten der Handel mit *Index-Futures* eingestellt wird. Ich nehme an, daß Sie, wenn Sie an Marktregulation denken, gleich das erschreckende Bild der EU-Bürokratie vor Augen haben. So wie in der EU muß es aber nicht kommen. Die Existenz der EU-Bürokratien liegt vor allem daran, daß zwölf Länder involviert sind und alle Bestimmungen von den zwölf unterschrieben werden müssen. Das führt zur Addition der zwölf Bürokratien und zur Addition ihrer Unwirksamkeit. Die Regulierung der Finanzmärkte gelingt besser. Dort wäre ein bürokratischer Apparat gleichbedeutend mit der Katastrophe.

Die Zentralbanken sind ein gutes Beispiel für wünschenswerte Regulierung. Die Geldmenge halten sie nicht im Griff, indem sie jede Person, die leihen und borgen will, einzeln regulieren. Sie wirken über die Bestimmung der Zinssätze, und dafür braucht man keine Bürokratie. Gerade weil ich davon überzeugt bin, daß die Regulation durch den Marktmechanismus selbst erfolgen muß, darum glaube ich auch, daß die Zentralbanken die beste Form der Regulation sind. Sie sind gezwungen, durch den Marktmechanismus zu wirken, und sie bekommen – im Gegensatz zu den Bürokratien – unmittelbare Signale vom Markt. Wenn Regulationsmaßnahmen, die von bürokratischen Apparaten verordnet wurden, falsch sind, bekommen sie keine Signale, deshalb können sich die Fehler kumulieren. Natürlich besteht auch bei der Regulation durch Marktmechanismen das Problem weiter; die Rückkoppelung erfolgt leider meistens durch einen *Crash.*

Sie waren einer der Verlierer des Börsencrashs von 1987. Seitdem haben Sie mehrere Aufsätze über dieses Problem geschrieben und behauptet, es gebe tiefe und bedeutende Parallelen zwischen dem Crash von 1929 und dem von 1987. Worin bestehen sie?

Es gab eine oberflächliche Parallele: 1929 fiel die New Yorker Börse um sechsunddreißig Prozentpunkte, um fast genausoviel wie 1987. Aber im Gegensatz zu 1929 reagierte 1987 die Regierung sofort, und so konnte ein zweiter Einbruch vermieden werden. Historische Bedeutung erhielt der Zusammenbruch von 1929 vor allem dadurch, daß er die große Depression vorwegnahm. In dieser Zeit verschob sich das wirtschaftliche und finanzielle Machtzentrum von Europa nach Amerika, wodurch große Turbulenzen in den Wechselkursen der Währungen verursacht wurden. Das Endergebnis war, daß der Dollar das Britische Pfund in der Rolle der internationalen Reservewährung ablöste.

Im Gegensatz dazu liegt die historische Bedeutung des Börsenkrachs von 1987 darin, daß er den Übergang der Wirtschafts- und Finanzmacht von den USA auf Japan markiert. Lange Zeit waren beide Seiten bestrebt, die erneute Machtverschiebung nicht zur Kenntnis zu nehmen. Präsident Reagan wollte, daß sich die Amerikaner wohl fühlten, und jagte der Illusion militärischer Überlegenheit nach, indem er unsere wirtschaftliche Führungsposition zur Illusion degradierte. Die Japaner dagegen wollten, solange es nur ging, im Schatten der USA wachsen. Kurzum: Die Rolle der USA von 1929 spielt jetzt Japan, und in der Tat hat Japan seine Märkte vor den Auswirkungen des Zusammenbruchs von 1987 weitgehend verteidigen können. Zwar hat die japanische Börse inzwischen auch ihre Zusammenbrüche gehabt, doch man sollte diese oberflächliche Parallele nicht übertreiben.

Aber diese Turbulenzen auf dem Devisenmarkt haben keineswegs dazu geführt, daß die Leitwährung Dollar durch den Yen abgelöst worden wäre.

Der Dollar ist die meistbenutzte Währung weiterhin, aber nicht mehr die leitende Währung, dieser Ansicht bin ich durchaus. Es existieren drei dominierende Devisenblocks: Der Yen-, der Dollar- und der D-Mark-Block, das heißt, momentan gibt es ein Drei-Währungs-System.

In Ihrem Buch »Alchemy of Finance« gingen Sie weiter. Sie sagten voraus, der Yen würde die Rolle des Dollar übernehmen.

In der Tat geschah das auch in gewisser Weise für die Zeit von einigen Jahren. Was die Vergabe von Krediten betrifft, so war das gewiß so. Der Yen, das heißt Japan, war die Hauptkreditquelle für den Rest der Welt. Japan ist inzwischen nicht mehr in dieser Position, weil die Banken große Verluste gemacht haben. Sie haben viele schlechte Anleihen. Aber Japan ist weiterhin der größte Generator von Ersparnissen und investivem Kapital in der ganzen Welt. Das japanische Bankensystem macht jetzt einen Konsolidierungsprozeß durch. Der Zusammenbruch, den ich erwartet habe, hat schließlich auch Japan erreicht. Aber das Besondere daran war, daß die Japaner es geschafft haben, den Ballon geregelt abzulassen, den Abschwung zu kontrollieren, und es ist nicht zu einem Zusammenbruch gekommen. Es gab keine zeitliche Verdichtung, die den *Crash* so gefährlich macht, sondern einen geordneten Abschwung, der sich über mehrere Monate hinzog. Das war eine phantastische Leistung, wahrscheinlich einmalig in der Geschichte der Finanzmärkte.

Sie hatten in »Alchemy of Finance« auch eine Art Vision: die Ablösung der Weltmacht Amerika durch die Weltmacht Japan. Mir schien, Sie mögen diese Zukunftsperspektive nicht.

Ich mochte diese Vision in der Tat nicht besonders, obwohl ich sagen muß, daß es gute Chancen dafür gibt, daß Japan, indem es zur führenden Weltmacht wird, seinen gesellschaftlichen Charakter ändern wird.

Sie sind also immer noch davon überzeugt, daß in einer nicht allzu fernen Zukunft Japan die führende Weltmacht wird?

Das ist übertrieben. Aber ich bin davon überzeugt, daß Japan gegenwärtig die stärkste Wirtschaftsmacht der Welt ist. Die japanische Wirtschaft macht zwar eine notwendige Anpassung durch, aber danach wird sie stärker denn je dastehen. Japan produziert den größten Handelsüberschuß in der Welt, und das ist nun mal der Weg, wie Reichtum akkumuliert wird. Japan macht zur Zeit auch einen Systemwandel durch. Das ganze politisch-ökonomische System ist in einer Krise und in Veränderung begriffen. Zu einem beachtlichen Teil funktionierte die japanische Gesellschaft wie eine geschlossene Gesellschaft, obwohl sie keineswegs eine Diktatur war. Diese Verhältnisse brechen jetzt auf, und die neue Regierung will die geschlossene Gesellschaft öffnen. Ich bin mir nicht sicher, daß sie dazu die Kraft haben wird. Sollte sie erfolgreich sein, wird man gegen die Führerschaft Japans kaum etwas einzuwenden haben.

Wären damit Ihre Einwände gegen die Wirtschaftsmacht Japan ausgeräumt? Kann man die Rolle, die Japan im Zweiten Weltkrieg gespielt hat, innerhalb von fünfzig Jahren vergessen und verzeihen?

Wahrscheinlich wird Japan keine führende Weltmacht werden, wie sie England einst war. Aber wenn Sie heute England betrachten, können Sie sich dann vorstellen, daß dieses Land im neunzehnten Jahrhundert die Weltmeere und die Welt selbst beherrscht hat? Japan ist in vieler Hinsicht England sehr ähnlich, sogar in seiner geographischen Lage: Auch Japan liegt auf Inseln vor dem Kontinent. Japans Macht wird mit der Englands im neunzehnten Jahrhundert nicht vergleichbar sein, aber Japan hat die Potenzen, die es befähigen, die stärkste Wirtschaftsmacht der Welt zu sein. Im Verbrauch wird Japan die USA wahrscheinlich nicht überrunden können, allein schon wegen der größeren Bevölkerung und des größeren Territoriums der USA. Doch Japan hat einen verhältnismäßigen Vorsprung in fast allen Industriezweigen, und die Wirtschaft bleibt trotz der überbewerteten Währung konkurrenzfähig. Das zeichnet in meinen Augen die führende Wirtschaftsmacht aus.

Es ist interessant zu beobachten, daß die Öffnung der japanischen Gesellschaft, die jetzt begonnen hat, der enormen Sparquote entgegenwirkt. Die Öffnung wird dazu führen, daß auch Japan zu einer Konsumgesellschaft werden wird. Der Motor, der Japan zu seinen bisherigen Höchstleistungen getrieben hat, wird damit abgeschaltet. Aber der Schub, den die Maschine der Rakete Japan gegeben hat, trägt das Land immer noch vorwärts. Sicherlich wird Japan seinen Höhepunkt weit unterhalb dessen erreichen, wo England seinen Höhepunkt erreicht hatte. Aber dieser Höhepunkt ist noch nicht erreicht.

Sie halten es aber weiterhin für wünschenswert, daß die USA die führende Macht der freien Welt werden, wie Sie in Ihrem Buch »Underwriting Democracy« geschrieben haben.

Natürlich. Ich glaube, dieser Voreingenommenheit muß man unterliegen, wenn man selbst nicht Japaner ist. Obwohl es für die Welt womöglich besser wäre, von Japan geführt zu werden. Ich verehre Japan, und trotzdem möchte ich nicht, daß es die führende Macht wird. Ich möchte aber unbedingt, daß es unter den führenden Mächten ist. Solange der Welt nicht eine geschlossene Gesellschaft aufgezwungen wird, wie es die japanische jetzt noch ist, bin ich sehr dafür, daß Japan eine entscheidende Rolle spielt, weil dieses Land zur Buntheit, zum Pluralismus der Welt beiträgt.

Quantum – der erfolgreichste Fonds der Welt

Warum ist Ihr Investment-Fonds, der berühmte Quantum-Fonds, nicht in den USA angesiedelt, sondern in der Karibik? Gibt es etwas, was Sie den US-Behörden, den Steuerbehörden vielleicht, verheimlichen möchten?

1973, also in der Zeit, als *Quantum Investment Fund* gegründet wurde, gab es außerhalb des amerikanischen Gebietes verschiedene Vorteile, sowohl was die Steuern als auch was die gesetzlichen Bestimmungen betrifft. Der Fonds war ohnehin für nichtamerikanische Investoren gedacht, insofern entsprach der Ort dem Zweck besser. Die meisten Vorteile, die man damals durch den außeramerikanischen Standort hatte, sind inzwischen verschwunden, aber aus historischen Gründen blieben wir dabei. Heute würde es sogar einige gute Gründe dafür geben, die Quantum-Gruppe als einen amerikanischen Fonds zu führen. Wie auch immer, Quantum ist ein internationaler Fonds, und die an ihm Beteiligten sind – außer dem Management – keine amerikanischen Bürger.

Sie sagten, Quantum war nicht für amerikanische Bürger geplant. Was bedeutet das?

Wir wollten nicht, daß die Bestimmungen der *Securities and Exchange Commission (SEC)* für uns gelten. Sie hätten für uns zu viele bürokratische Einschränkungen bedeutet. Wenn ein Fonds für Nichtamerikaner vorgesehen ist, muß man auch den Bestimmungen des SEC nicht entsprechen. Hätten wir einen Fonds für amerikanische Investoren gegründet, wären wir beispielsweise gezwungen gewesen, die Zahl der Investoren zu beschränken.

Gab es noch andere Restriktionen des SEC, denen Sie entgehen wollten?

Als der Fonds gegründet wurde, durfte man keine gewinnbezogene Gebührenstruktur haben, wir aber haben sie. Der Fonds nahm zwanzig Prozent des Gewinns für das Management, das haben wir inzwischen auf fünfzehn Prozent reduziert, weil der Fonds so gewachsen ist. Eine solche Gebührenstruktur war damals nicht erlaubt, und das war für uns der Hauptgrund, nach *Curaçao* zu gehen.

Das Konzept unseres Fonds ist anders als das der herkömmlichen Investment-Fonds. Unser Ziel ist es, den Gewinn für die Anteilseigner zu maximieren. Die herkömmlichen Fonds, die eine feste, kapitalbezogene Gebühr berechnen, gehen anders vor. Dort maximiert das Management seinen Gewinn, indem es die größtmögliche Geldmenge zu verwalten trachtet. Es will also so viele Anteile wie nur möglich an die Interessenten verkaufen. Wir dagegen wollen nicht unsere Anteile verkaufen, wir wollen Gewinne machen mit dem Geld, das wir haben. Die Motivation des Managements ist also in beiden Fällen verschieden: Wir wollen Geld verdienen für die Anteilseigner, die anderen wollen Geld verdienen an den Anteilseignern. Aus dieser bestimmten Motivation heraus nehmen wir größere Risiken in Kauf, benutzen wir Techniken, die andere nicht benutzen würden. Kurzum, wir strengen uns mehr an.

Ihr Fonds ist ein sogenannter Hedge-Fonds. Was ist darunter zu verstehen?

Ein alltäglicher Investment-Fonds hat ein Investment-Portfolio. Das ist wie ein Stück Papier, es hat nur zwei Dimensionen.

Was meinen Sie mit zwei Dimensionen?

Sie werden gleich sehen, daß bei uns eine dritte Dimension hinzukommt. Wir nutzen unser Kapital als eine Grundlage, auf dem wir Gebäude errichten. Wir benutzen geliehenes Geld, und wir benutzen die Hebelwirkung. Die herkömmlichen Fonds, die die Hebelwirkung nicht nutzen, operieren nur an der Basis, investieren ihr eigenes Kapital, und das war es dann auch. Wir investieren unser Kapital nicht direkt, wir benutzen es vollständig, um eine Hebelstruktur zu errichten, wobei wir Sicherheiten erwerben für die Kredite, die wir für diese Erwerbungen aufnehmen mußten. Wir nutzen unser Kapital, um eine Struktur aufzubauen, die auf Krediten basiert. Mit dieser Methode schaffen wir ein gewisses Risikogleichgewicht. Nicht nur, daß wir Aktien kaufen und dann Geld dafür ausleihen, wir verkaufen auch geliehene Aktien, die uns gar nicht gehören. Manchmal borgen wir uns Geld gegen die Aktien, die wir besitzen, und manchmal borgen wir Aktien und verkaufen sie. Wir haben freilich auch Positionen in Obligationen, wir benutzen verschiedene Indexe, und natürlich haben wir auch Positionen in Währungen, manchmal auch in Waren und Waren-*Futures*. Manchmal nutzen wir auch *Call-* und *Put-Optionen*, die sogenannten Derivative, aber wir nutzen sie nicht in so starkem Maße, wie viele annehmen. Auch ich glaube, daß wir sie mehr nutzen sollten, aber uns fehlen dafür die Fertigkeiten. Wir sind auf allen Märkten präsent.

Sie sprechen immer von »wir«. Wer ist »wir«?

Das Management. Das Management beschäftigt sich mit den Investitionsentscheidungen, es beschäftigt sich nicht mit der Verwaltung des Fonds. Das macht eine Treuhandgesellschaft in Curaçao. Wir befassen uns nur mit dem Management des Portfolios. Formal besitze ich alle Anteile dieser Gesellschaft, praktisch gehört jedoch die halbe Gesellschaft einer Assoziation von professionellen Fonds-Managern. Bis 1988 war ich im *Portfolio-Management* aktiv. Aber vor einiger Zeit – vor allem, weil ich so viel mit Osteuropa zu tun hatte – erteilte ich meinen Partnern die Vollmacht, die Investment-Entscheidungen allein zu treffen. Sie können mich konsultieren, aber sie müssen für die Entscheidungen selber geradestehen. Ich habe mich vom aktiven Spiel zurückgezogen, jetzt bin ich der Coach. Oder sagen wir besser, der Kapitän.

Ist das nicht ein typischer Fall von »understatement«? Bei der Pfund-Krise war überall nur Ihr Name im Gespräch.

Wahr ist, daß ich damals Stan Druckenmiller, der heute der wichtigste Entscheidungsträger ist, der erste Offizier, könnte man sagen, beraten habe. Pfund zu verkaufen war aber seine Entscheidung. Ich schlug ihm in diesem Falle vor, aggressiv vorzugehen, weil es eine Situation war, wie sie nur einmal im Leben vorkommt. Aber es war seine freie Entscheidung, ob er mir folgen wollte oder nicht.

Trotzdem ist dieses Unternehmen »Quantum« mit Ihrem Namen verbunden.

Natürlich, und alle denken, ich sei das Herz und das Gehirn des Unternehmens. Tatsächlich ist es jedoch so, daß wir ein junges Team haben, von dem bisher nur der Name Stan Druckenmillers bekannt ist, da er den Fond tatsächlich leitet. Es ist ein sehr gutes Team, und die Kooperation funktioniert wunderbar.

Wie ist dieses Team entstanden?

Es war ein langer Prozeß, der viele Jahre lang erfolglos verlief. Ich habe ursprünglich zusammen mit meinem Partner Jim Rogers angefangen. Er war ein sehr hart arbeitender Mann, er war der Analyst, und ich war der Entscheidungsträger, der *Portfolio-Manager.* Rogers erledigte die Arbeit einer ganzen Abteilung. Wir fingen ursprünglich 1969 mit vier Millionen Dollar an. Ich war damals noch Angestellter der Firma Arnhold & S. Bleichröder, der Firma einer jüdischen Familie aus Deutschland, die wegen der Naziherrschaft das Land verlassen mußte. Sie ließen sich dann in New York nieder. Damals hieß der Fonds »Double Eagle Fund«. 1973 machte ich mich selbständig, gründete die *Soros Fund Management*, und Jim Rogers und ich führten zusammen dieses Unternehmen, das zu diesem Zeitpunkt ein Kapital von etwa dreizehn Millionen Dollar besaß. Um 1980 herum hatten wir schon an die hundert Millionen, und dann begannen die Probleme, denn es war nicht mehr möglich, zu zweit die ganze Arbeit zu erledigen. Jim Rogers wollte die Partnerschaft, so wie sie war, aufrechterhalten, ich jedoch wollte neue Mitarbeiter finden. Wir nahmen dann neue Mitarbeiter in unseren Kreis auf, Rogers jedoch konnte niemanden tolerieren. Schließlich haben wir aus diesem Grund die Gesellschaft aufgeteilt. Ich führte den Fonds ab dann selbst mit ein, zwei Assistenten. Es ging alles sehr gut, aber ich war der Kapitän und die ganze Schiffsbesatzung zugleich. Ich gab den Befehl »scharf links« aus und rannte dann hinunter in den Maschinenraum, um paar Schippen Kohlen ins Feuer zu werfen. Das konnte nicht lange gut gehen, und ich geriet in eine persönliche Krise. Der Fonds war in dieser Zeit sehr erfolgreich, es gab zwei Jahre, in denen es sogar gelang, unser Kapital mehr als zu verdoppeln. Wir machten für die Anteilseigner mehr als hundert Prozent Profit pro Jahr. Der Fonds wuchs von hundert auf vierhundert Millionen Dollar an. Es hat noch nie einen Investmentfonds gegeben, der vergleichbare Ergebnisse produziert hätte.

Für mich aber bedeutete das, daß ich immer mehr arbeiten mußte, bis der Druck unerträglich wurde. In der tiefen Krise, in die ich geraten war, mußte ich entscheiden, was wichtiger war: ich oder mein Fonds. Der Konflikt zwischen mir und meiner eigenen Kreatur mußte gelöst werden, und ich löste ihn schließlich zu meinen Gunsten. Ich gewann, und der Fonds verlor. Das war das einzige Jahr, 1981, in dem der Fonds Geld verlor. Ich sprach mit den Anteilseignern über mein Dilemma, woraufhin ein Drittel von ihnen ihr Geld zurückzog und die Anteile über zwanzig Prozent ihres Wertes verloren. Insgesamt verloren wir etwa die Hälfte des Fonds. Ich zog mich vom aktiven Management zurück und suchte andere Manager.

Das funktionierte leidlich, 1983-84 waren keine besonders guten Jahre. Da jedoch zu einem beachtlichen Teil mein eigenes Geld von dieser Entwicklung betroffen war, mußte ich mich wieder aktiver am Management beteiligen. Das war auch die Zeit, in der ich beschlossen habe, das Management als eine Art praktischen Test meiner Philosophie zu benutzen. Wir hatten wieder ein paar sehr erfolgreiche Jahre, und allmählich war es mir gelungen, einige hervorragende Leute ins Management zu bringen, die bis zum heutigen Tag geblieben sind. Doch der echte Durchbruch kam nach dem *Crash* von 1987, als ich Stan Druckenmiller traf.

Druckenmiller erzählt gerne, er hätte zunächst eine recht harte Zeit mit Ihnen durchzumachen gehabt.

Da hat er bestimmt recht. Es gab für ihn eine schwierige Zeit der Anpassung. Er war mit seiner eigenen Leistung in der neuen Situation unzufrieden. Er war als Nummer zwei nicht so frei, wie er als Nummer eins hätte sein können. Dies legte ihm Fesseln an und engte ihn ein. Und obwohl ich glaube, daß ich ein guter Chef war, war ich immerhin der Chef. Dieses Problem löste sich von selbst, als ich, wegen meines immer größer werdenden Engagements in Osteuropa, nicht mehr der Chef bleiben konnte und wollte. Ich bot Druckenmiller an, die Geschäfte in eigener Verantwortung zu führen. Er könne mich immer konsultieren, wann er es für angebracht halte, sagte ich ihm, aber ich wollte keine Investmententscheidungen mehr treffen. Das ist bis zum heutigen Tag so geblieben: Ich mache ihm Vorschläge, aber die Kontrolle liegt bei ihm. Diese Entscheidung befreite ihn, er wuchs mit der Aufgabe, seine Leistungen sind phantastisch, was auch am Wachstum des Fonds ersichtlich ist. Es ist paradox, aber ich bekam die Belohnung für mein Philantropentum in Osteuropa durch die Erfolge meines Unternehmens. Seit meinem Rückzug funktioniert es viel besser.

Wir haben jetzt eine sehr gute Garde, und wir haben die Verantwortlichkeit unter den Mitarbeitern aufgeteilt. Druckenmiller ist ein wunderbar kooperativer Mitarbeiter, und mit seiner Hilfe ist es gelungen, viele sehr gute Kräfte zu gewinnen. Allein schon wegen seines Alters hat er es einfacher als ich: Von mir trennt die jungen Leute doch eine ganze Generation. Mich respektieren die meisten zu sehr, sie fühlen sich nicht wohl mit mir. Mit Jim Rogers kamen wir gut aus, er hatte keine Probleme, mir zu widersprechen. Aber selbst Stan Druckenmiller hatte am Anfang seine liebe Not mit mir.

Wie groß ist der Fonds jetzt?

Der Fonds ist fast ausschließlich durch internes Wachstum größer geworden, da wir neue Anteilseigner nur gegen Prämie angenommen haben, das heißt, wir haben die Interessenten entmutigen wollen. Als wir die Größe von zwei Milliarden Dollar erreicht hatten, glaubten wir, daß wir damit an die Grenze dessen gestoßen seien, was mit unseren Techniken noch profitabel verwaltet werden konnte. 1991 beschlossen wir, neue Fonds einzuführen, Fonds, die wir in einer etwas anderen Weise führen. Wir haben die Gewinne ausgeschüttet und den Anteilseignern bei dieser Gelegenheit angeboten, als Alternative in einen neuen Fonds zu investieren, statt sich auszahlen zu lassen. Jetzt haben wir eine Familie von Fonds: insgesamt sieben, die sich alle etwas voneinander unterscheiden. Wir sind jetzt gerade dabei, 2,4 Milliarden Dollar Dividende auszuzahlen, und wir bieten den Anteilseignern an, in einen neuen Fonds, Quantum Industrial Holdings, zu investieren, ein Fonds, der längerfristige Investitionen tätigen wird. Wir haben zum Beispiel eine gemeinsame Gesellschaft mit General Electric und der International Finance Cooperation, um gemeinsam in Kraftwerke im Fernen Osten zu investieren. Quantum selbst hat die Größe von etwa fünf Milliarden Dollar, und die ganze Familie hat etwas mehr als zehn Milliarden Dollar. Es ist viel Geld, aber mit den Maßstäben der Finanzwelt gemessen, ist es nicht mal so viel. Es gibt Fonds, die viel größere Summen verwalten. Da wir jedoch aktive Manager sind und, wie schon gesagt, dreidimensional arbeiten, ist es doch wieder mehr, als es auf den ersten Blick erscheinen mag. Wir sind wohl eine Art Dinosaurier, mit allen Gefahren, die einem Dinosaurier drohen: daß sie zu groß werden für ihre Umwelt.

Wie viele Anteilseigner haben Sie?

Ich weiß es nicht. Ich habe keinen Zugang zu der Liste der Anteilseigner, denn die wird in Curaçao geführt.

Warum wollten Sie die Investoren entmutigen, sich bei einem Ihrer Fonds zu engagieren?

Weil ich die optimale, nicht die maximale Größe haben wollte. Ich hätte gewiß zehnmal soviel Geld an den Fonds heranziehen können, aber ich hätte es nicht investieren können. Auch wir befinden uns in einem Prozeß des dynamischen Ungleichgewichts, denn das gilt für alle Unternehmungen, die um mehr als dreißig Prozent im Jahr wachsen. Ich wollte nicht, daß dieses Ungleichgewicht zu einem *Boom/Bust*-Prozeß führt, das heißt, zu einem unkontrollierbaren Ungleichgewicht wird. Wäre zum internen Wachstum noch das Wachstum durch äußere Quellen hinzugekommen, so hätte das vielleicht in einen Zusammenbruch gemündet.

Was, glauben Sie, hat Quantum zu der Legende gemacht, die es ist? Waren es die kühnen Entscheidungen, die großen Risiken, die Sie mitunter bereit waren einzugehen?

Ich glaube nicht. Bis auf das eine Jahr 1981, als ich eine psychologische Krise hatte, gab es kein Jahr, in dem wir Geld verloren haben. Wir müssen also die Risiken sehr gut kalkuliert haben, wir sind nicht einfach kopflos Risiken eingegangen. Es gibt nur wenige Fonds, die, so wie wir, innerhalb von mehr als fünfundzwanzig Jahren nur in einem einzigen Jahr Verluste hatten.

Gilt das immer noch? Sie haben unlängst etwa sechshundert Millionen Dollar verloren.

Daß Sie davon wissen, ist vor allem dem zuzuschreiben, daß seit einiger Zeit alle auf uns starren und alles berichten, was mit uns passiert. Solche Fluktuationen hat es auch früher gegeben. Wir haben tatsächlich fünf Prozent verloren. In der Vergangenheit haben wir auch mal zwanzig Prozent verloren, aber trotzdem haben wir das Jahr – mit einer Ausnahme – immer mit Gewinnen abgeschlossen.

Werden Sie dieses Jahr auch mit Gewinnen abschließen?

Wir hatten drei so ausnehmend gute Jahre, insofern würde es mich nicht überraschen, wenn es auch Jahre geben würde, in denen wir nicht so gut abschließen.

Wie haben Sie die sechshundert Millionen verloren?

Wir waren *bullish* auf dem japanischen Aktienmarkt und *bearish* auf dem Devisenmarkt und wurden getroffen durch den Handelskrieg zwischen den USA und Japan.

Lagen Ihre Verluste vielleicht daran, daß die Ungleichgewichtszustände auf der Welt selbst für Sie zuviel wurden?

Nein, nein. Das zeigt nur, daß Spekulanten nicht immer gewinnen. Ich bin mir dessen bewußt. Jeder handelt aufgrund unvollkommenen Wissens, Entscheidungen werden immer ungewollte Konsequenzen haben, und die Zukunft kann man niemals genau vorhersagen. Und deshalb revidiere ich die Urteile, die ich einmal gefällt habe, immer wieder. Das bedeutet gewiß nicht, daß ich die Zukunft besser vorhersehe als die anderen. Aber wahrscheinlich bin ich etwas besser in der Anpassung meiner Ansichten an die sich verändernden Verhältnisse.

Sie üben also mehr Selbstkritik als die anderen?

Viel mehr. Aber die wichtigste Voraussetzung unseres Erfolgs ist der philosophische Rahmen, unsere Ansichten über die Funktionsweise von Finanzmärkten. Diese Ansichten sind allen, die es interessiert, zugänglich: Ich habe darüber ein Buch, »Alchemy of Finance«, geschrieben. Stan Druckenmiller kennt und teilt meine Ansichten. Die Selbstkritik, von der wir gerade sprachen, ist erst die zweite Voraussetzung des Erfolgs.

Die dritte Voraussetzung könnte man vielleicht als psychologisch bezeichnen, und es hat etwas mit Überleben zu tun. Mich fasziniert die Problematik des Überlebens, vielleicht kommt das von meinen Erfahrungen während des Zweiten

Weltkrieges. Ich probiere gern aus, wo die letzten Grenzen liegen. Wie weit man gehen kann, ohne das Leben in Gefahr zu bringen.

Werden Sie in Krisensituationen erst stark?

Nein, ich meine etwas anderes. Es gibt viele Spekulanten, die irgendwann zusammenbrechen, weil sie ihre Grenzen überschritten haben. Ich dagegen habe ein sehr ausgeprägtes Gefühl dafür, wie weit ich gehen kann. Viele überbieten mich in ihren Leistungen, wenn sie erfolgreich sind, zeitweise machen sie viel mehr Geld als ich. Aber dann, wenn sie erfolglos sind, verlieren sie alles. Ich scheine einen Mechanismus in mir zu haben, der mir die Grenzen der Risiken signalisiert.

Was ich Ihnen jetzt gesagt habe, hätte ich nicht gesagt, solange ich aktiv im Geschäft war. Denn man darf nie an etwas Derartiges glauben. In dem Augenblick, in dem man anfängt zu glauben, man besäße diese Fähigkeit, wird man sie auch verlieren. Das gilt noch allgemeiner: Solange man im Geschäft ist, darf man den eigenen Erfolg sich selbst gegenüber niemals zugeben. Hat man es getan, wird man handlungsunfähig, weil eingebildet und überheblich. Jetzt, indem ich Ihnen das sage, bin ich es schon.

Haben Sie spezielle, eigene Methoden?

Ich bin offensichtlich prädestiniert für Geschäfte,

die aus Ungleichgewichtszuständen entstehen. Wenn ich den Eindruck habe, daß eine entsprechende Situation im Entstehen begriffen ist, stelle ich die Ohren hoch, und das Wasser läuft mir im Mund zusammen. Es geht mir wie dem Hund, der einen Knochen erblickt. Meistens sehe ich mehr Ungleichgewichtszustände, als wirklich vorhanden sind – das ist meine Art der falschen Wahrnehmung.

Spielt bei Ihnen die Intuition eine größere Rolle, oder würden Sie dieses Aufspüren von Ungleichgewichtszuständen als intellektuelle Arbeit bezeichnen?

Alle Prozesse, mit denen ich zu tun habe, sind extrem komplex. Sie spielen sich auf vielen verschiedenen Ebenen ab. So kann man auch nicht eindeutig sagen, das ist intellektuell, das ist gefühlsmäßig, das ist intuitiv erfaßt. Alles zusammen spielt eine Rolle. Es gibt eine konzeptionelle Ebene, eine strategische Ebene und viele taktische Ebenen, technische Details, und erst die Kombination von alledem ergibt einen geschäftlichen Vorgang. Ich gehe bei den Anstrengungen, die ich unternehme, sehr ökonomisch vor.

Wollen Sie damit sagen, daß Sie faul sind?

Ich bin sehr faul. Wäre ich nicht so faul, wie könnte ich dann so viele Dinge auf einmal tun? Ich reduziere jede Tätigkeit auf das mögliche

Minimum. Es gibt Menschen, die lieben es, die Bilanzen von Gesellschaften, Kurse und Tabellen zu studieren.

Sie machen das nicht?

Ich hasse es. Ich kann Geschäfte nicht ausstehen. Ich liebe andere Dinge: Spekulieren, Stiftungen, Lesen, Nachdenken. Aber ich hasse Arbeit. Daher tue ich das Minimum. Wenn ich eine große Entscheidung treffe, dann will ich diese Entscheidung treffen, ich will die Details nicht wissen. Es entsteht natürlich die Frage, was muß ich wirklich wissen, um eine Entscheidung treffen zu können. Manchmal muß ich eine ganze Menge wissen, ein anderes Mal reichen ein, zwei Dinge aus. Und ich mag diese Fälle entschieden mehr. Es kommt natürlich trotzdem vor, daß ich tiefer in die Materie eindringen muß: Wenn ich eine Idee habe, die einen bestimmten Industriezweig betrifft, dann werde ich diesen Zweig auch studieren.

Aber die meiste Arbeit leiste ich, wenn die Dinge nicht so gelaufen sind, wie ich es erwartet habe. Meistens fange ich mit einer Idee, einer Hypothese über eine bestimmte Entwicklung an. Dann teste ich diese Idee auf dem Markt auf ihre Richtigkeit. Wenn sie richtig ist, ist alles in Ordnung. Wenn jedoch nicht, dann muß ich anfangen zu arbeiten. Es kann sein, daß ich schnell herausbekomme, was mit diesem Wert nicht in Ordnung ist, dann weiß ich, warum ich einen Verlust erlitten habe, und die Angelegenheit ist erledigt. Aber wenn ich nicht auf Anhieb feststellen kann, was nicht meinen Erwartungen entsprach, dann muß ich hart daran arbeiten, es herauszubekommen.

Kurz gesagt: Ich habe immer sehr hart arbeiten müssen, wenn ich erfolglos war, und ich habe sehr wenig gearbeitet, wenn ich Erfolg hatte. Dementsprechend konnte ich, als ich erfolgreich war, sehr viele verschiedene Dinge gleichzeitig tun, weil die Anstrengung, die ich auf jede einzelne Sache verwendete, gering war. Dadurch wurde ich noch erfolgreicher. Als ich dagegen erfolglos war, mußte ich jeden Schritt genau studieren, um herauszubekommen, was ich falsch gemacht habe. So mußte ich mich in erfolglosen Phasen auf wenige Aktionen einschränken. Was allerdings einen großen Vorteil hatte: Wenn ich falsch lag, konnte ich nicht allzuviel verlieren, aber wenn ich verdiente, dann konnte ich gleich sehr viel verdienen.

Haben Sie die Elektronik, verschiedene Computerprogramme benutzt?

Ich gehöre in die Vorcomputer-Zeit. Als ich mit meiner Tätigkeit anfing, waren Computer im Finanzbereich noch nicht im Einsatz. Die ersten speziellen Programme für den Geldmarkt kamen erst in den frühen achtziger Jahren heraus. Das waren aber die Jahre, in denen ich mein Unternehmen verlassen habe, so daß ich mit ihnen kaum in Berührung kam. Als ich dann 1984 in das Geschäftsleben zurückkehrte, war ich schon zu alt und, um ehrlich zu sein, auch viel zu faul, um den Umgang mit diesen Programmen zu lernen. Ich habe es nie gelernt, mit Computern umzugehen, ich kann nicht einmal die Geräte bedienen, die meine Partner benutzen. Sie müssen für mich die Knöpfe drücken.

Wie Sie sehen, ich bin der Archetyp des Amateurs. Ich bin wie ein Stammeshäuptling, der nicht lesen und schreiben kann.

Sie sind eine Spezies, die im Aussterben begriffen ist.

Selbstverständlich. Ich rechne fest damit. Aber es ist eine gute Position, zu früh da zu sein. Da zu sein, bevor die Profis, die Experten alles an sich gerissen haben. Ich bin ein Pre-Expert. Und ich befinde mich in keiner schlechten Gesellschaft, denn viele der großen Entdeckungen des neunzehnten Jahrhunderts wurden von Amateuren vollbracht. Als die Entdeckungen da waren, dann erst kamen die Professionellen, die richtigen Experten. Ich liebe diese frühe Phase, die Phase der ursprünglichen Entdeckungen. In dieser Zeit ist der Wettbewerb sehr gering, und man kann mit wenigen Mitteln sehr große Erfolge erzielen.

Eine Vielzahl von Menschen beschäftigen sich mit vielen verschiedenen Dingen auf den Finanzmärkten, und sie gehorchen dabei einer Reihe von Regeln. Mich interessiert in allererster Linie der Wechsel in den Regeln, ich will die Veränderungen der Spielregeln erfassen. Das war immer schon mein besonderes Interesse, und das erlaubte mir dann doch wieder, Experte zu sein, auf einem Gebiet allerdings , auf dem es so gut wie keine Experten gibt.

Waren Sie sich dieser Stärke von Anfang an bewußt?

1959, als der Europäische Gemeinsame Markt im Entstehen begriffen war, entdeckten amerikanische Investoren ihr Interesse für europäische Aktien. Ich wurde Analyst für europäische Investitionen, und für eine kurze Zeit war ich als Einäugiger König unter den Blinden. Ich schrieb die ersten Berichte über die Dresdner Bank und über die Allianz-Versicherung. Es waren ziemlich einfache Berichte, aber sie waren wichtig, weil sie die einzigen überhaupt waren. Das war meine erste erfolgreiche Geschäftsperiode. Ich war erst 1956 nach Amerika gekommen, und nun hörten große Institutionen auf mich und verließen sich bei ihren Entscheidungen auf meine Analysen. Später habe ich Schweden für Amerika entdeckt. Damals gab es in Schweden so gut wie keinen Aktienmarkt, die Börse war starr, der Markt tot, bewegungslos. Ich erinnere mich an meine erste Reise nach Stockholm, als ich feststellen mußte, daß die Schweden selbst ihren eigenen Markt kaum kannten. Ich habe den schwedischen Finanzmarkt als erster auf die Karte eingezeichnet.

Ich war damals so etwas wie der Erfinder von neuen Märkten. Mein erster Aufstieg verlief geradezu kometenartig: Ich war ja ein junger Emigrant, verhandelte aber mit den führenden Finanzinstituten wie *Morgan Guarantee* oder *Dreyfuss-Fund*. Und es gelang mir, diese Entwicklung noch einige Male in meinem Leben zu wiederholen. Es ist noch nicht allzulangeher, da kaufte ich eine größere Beteiligung auf dem finnischen Markt und entwickelte dort einige internationale Beteiligungen. 1987 kaufte ich ein großes Aktienpaket in Thailand, zu einem Zeitpunkt, als der Markt in diesem Land erst sehr klein war, aber er entwickelte sich seitdem sehr schnell. Vor noch nicht so langer Zeit habe ich in Peru ein größeres Aktienpaket erworben. Der Markt in Peru fängt jetzt erst an, sich zu entwickeln, und es ist eine gute Sache, sehr früh dabeizusein.

Wenn Sie wirklich so faul sind, wie Sie sagen, woher wissen Sie denn, was in Peru geschieht?

Jetzt habe ich viele Leute um mich herum, die für mich die Informationen beschaffen. Aber sie brauchen nur ein, zwei richtige Worte zu sagen, die den richtigen Nerv bei mir berühren, und schon weiß ich, dieser könnte einer der besagten Fälle sein.

Das gleiche, was ich über Länder gesagt habe, gilt auch für Industrien. Ich halte mich gern in Gebieten auf, die andere nicht interessieren, denn solange das zutrifft, muß man nicht viel über sie wissen. Anfang der siebziger Jahre haben wir größere Anteile in der Rüstungsindustrie erworben. Damals interessierte sich niemand für die Rüstungsindustrie, da ja dieser Industriezweig nach dem Vietnamkrieg stark reduziert wurde. Hätte man später einsteigen wollen, hätte man alles über die verschiedensten Verteidigungssysteme wissen müssen, und wahrscheinlich hätten wir mit dieser Entwicklung nicht mehr Schritt halten können.

Es gab nur einen einzigen Moment in meinem Leben, in dem ich Computer, die Computertechnologie, die ganze Industrie verstand. Ich wählte einige Unternehmen in den verschiedenen Bereichen aus, und diese studierte ich sehr gründlich. Einige Jahre lang haben wir sehr viel Geld auf dem Gebiet der Computertechnologie verdient. Später wurden Computer populär, und jeder wußte mehr darüber als wir oder als ich wissen konnte. Ab dann interessierte mich die Computerindustrie nicht mehr. Das gleiche geschah in der Biotechnologie. Wir kauften einige der führenden biotechnischen Unternehmen, als sie noch nicht sehr bekannt waren. Dann wurde auch dieses Gebiet sehr populär, und wir konnten sehr große Gewinne erzielen. Jetzt konzentrieren wir uns nicht mehr so stark darauf: Es ist das übliche Geschäft.

Wir sind sehr gut darin, uns einen ersten Überblick über eine Industrie oder ein Land zu verschaffen. Aber dieser Zustand läßt sich nicht lange aufrechterhalten, denn so, wie die Zeit vergeht, wird das Bild immer reicher an Details, immer komplizierter, vielschichtiger, die Aktien bewegen sich, weil die Gewinne von Quartal zu Quartal verschieden sind, und dann ist ein Zustand erreicht, in dem die anderen, die sich darauf spezialisiert haben, besser sind als wir.

Vor ein, zwei Jahren wußte – bis auf wenige Experten – niemand in der Welt, wer Sie sind. Heute dagegen werden Sie öfters beschuldigt, Sie würden Ihre Berühmtheit als gewinnbringende Strategie benutzen.

Man kennt mich. Das ist eine Tatsache. Es überrascht mich selbst, wie viele Menschen inzwischen darauf achten, was ich tue oder sage. Gewiß werde ich den Einfluß, den ich jetzt habe, nicht behalten, und ich will ihn auch nicht behalten, denn ich glaube, daß er übertrieben ist.

Nutzen Sie diesen Einfluß aus?

Es wäre dumm, sich dessen nicht bewußt zu sein, daß man ihn hat.

Was heißt bewußt? Der Vorwurf an Ihre Adresse war konkret: Sie würden durch Erklärungen die Märkte in eine Richtung zu beeinflussen trachten, die Ihren eigenen Interessen dienlich sei.

Diese Möglichkeit besteht. Ich kann tatsächlich Märkte bewegen. Das nicht zuzugeben, wäre unaufrichtig. Aber es sind nicht meine Erklärungen, sondern in erster Linie meine Aktionen, die das können. Über Gold habe ich kein öffentliches Wort gesagt. Die Tatsache jedoch, daß ich Anteile an einer Goldmine erworben habe, hat den Goldmarkt bewegt. Ich habe keine Erklärungen über britische Immobilien abgegeben, aber der Immobilienmarkt hat sich bewegt, als ich dort eingestiegen bin.

Juristisch bin ich dazu verpflichtet, gewisse Transaktionen publik zu machen. Wenn ich mehr als fünf Prozent einer Gesellschaft erwerbe, muß ich es melden wie beim Gold und den britischen Immobilien. Das kann ich also nicht umgehen, aber Erklärungen muß ich nicht abgeben, und ich tue es nur, wenn ich glaube, sie dienten dem öffentlichen Interesse.

Gewiß haben meine Erklärungen über den französischen Franc und die Deutsche Mark Auswirkungen auf den Markt gehabt. Dadurch habe ich eine besondere Verantwortung. Mir ist nicht einsichtig, warum ich auf dem Devisenmarkt keine Gewinne machen sollte, warum ich keine Positionen dort besetzen sollte. Ich sehe darin keinen Interessenkonflikt, wenn ich auf der einen Seite Erklärungen abgebe, auf der anderen gewisse finanzielle Positionen beziehe. Aber ich halte mich strikt daran, niemals Erklärungen mit dem Ziel abzugeben, meine Gewinne zu sichern oder zu erhöhen. Würde ich das tun, verlöre ich sehr schnell mein Ansehen. Man würde mich schnell durchschauen, und damit wäre mein guter Ruf dahin.

Als Spekulant freilich kann ich ebenso Fehler machen wie eine Zentralbank auch. So kann das, was ich sage, auch Schaden verursachen. Ich will aber dem System, in dem ich mich bewege, keinen Schaden zufügen, sondern, im Gegenteil, es verbessern. Ich will, daß es stabil bleibt, und sollte ich durch eine Erklärung eine Instabilität herbeiführen, zu der es sonst nicht gekommen wäre, würde ich mich dafür verantwortlich fühlen. Ich kann Fehler machen, bewußt jedoch würde ich niemals eine Instabilität herbeiführen wollen.

Ich hatte auch einen besonderen Grund, warum ich in der letzten Zeit der Presse gegenüber offener war: Ich wollte das öffentliche Interesse, das an mir durch meine wirtschaftlichen Erfolge entstanden war, dazu nutzen, über meine Ideen über Osteuropa und die offene Gesellschaft zu sprechen. Aber ich mußte feststellen, daß es sehr schwierig war, das eine Interesse in das andere umzuwandeln.

Erfahrungen eines Wohltäters

Warum verschenkt ein Hai der Finanzmärkte wie Sie viele Millionen Dollar an Osteuropa? Haben Sie doch noch ein schlechtes Gewissen? Wollen Sie damit etwas kompensieren?

Unsinn. Ich bin kein Hai der Finanzmärkte. Ich bin ein professioneller Spekulant, Investor. Wie schon gesagt: Wenn man auf den Finanzmärkten operiert, ist man von den meisten der moralischen Probleme befreit, denen ein Geschäftsmann normalerweise ausgesetzt sein könnte. Wenn die Märkte normal funktionieren, kann ein anonymer Teilnehmer dort keine wahrnehmbare Veränderung herbeiführen. Daß ich im Verlauf des Jahres 1993 zu so etwas wie einem Guru geworden bin, ist das Ergebnis einer Ausnahmesituation. Dieses Jahr war aber nur ein Jahr von vielen, und normalerweise hatte ich mich auf den Finanzmärkten mit moralischen Problemen nicht auseinanderzusetzen.

Rockefeller gründete seine Stiftung, als er beschuldigt wurde, ein Monopol errichten zu wollen. Er wollte mit der Stiftung sein öffentliches

Image aufbessern, und so haben viele große Firmen aus den gleichen Gründen Stiftungen gegründet.

Bei mir ist das nicht der Fall, da ich damals, als ich meine erste Stiftung gegründet habe, gar kein öffentliches Image hatte. 1980 habe ich mit dem Aufbau der Stiftungen begonnen. Damals hatte mein Fonds hundert Millionen Dollar, heute hat er mehr als zehn Milliarden.

Sie haben sich einmal einen »Staatsmann ohne Staat« genannt. Heißt das, sie wollten eine politische Spielwiese für sich haben?

Nun, ich habe jenen Ausdruck selbst geprägt, also kommt er der Wahrheit schon näher. Spielwiese würde ich das nicht nennen, denn das Wort beinhaltet auch die Verantwortungslosigkeit beim Handeln.

Kommt nicht noch hinzu, daß Sie auf diese Weise den Boden für zukünftige Geschäfte vorbereiten?

Keineswegs. Ich habe mehr Geld, als ich brauche.

Was also sind die wahren Gründe?

Als vor etwa fünfzehn Jahren der Fonds die Größe von hundert Millionen Dollar erreicht hat (heute hat er mehr als zehn Milliarden) und mein persönliches Vermögen auf etwa zwanzig Millionen angewachsen war, stellte ich nach einigem Nachdenken fest, daß ich genug hatte. Oder zumindest lohnte es sich nicht mehr, sich weiter anzustrengen, um eine Menge Geld zu verdienen, ohne zu wissen, was damit geschehen soll. Ich war schon immer der Auffassung gewesen, daß man etwas für die anderen Menschen tun sollte, wenn man sich das leisten kann. Ich bin zwar ein überzeugter Egoist, aber die Verfolgung ausschließlich eigener Interessen erschien mir als eine zu schmale Basis für mein sehr ausgeprägtes Ego. Also begann ich zu prüfen, welche sozialen und gesellschaftlichen Fragen mich wirklich interessierten. Welchen konnte ich mich intensiv widmen? Nach reiflicher Überlegung wurde mir klar, daß es die Sache der offenen Gesellschaft war, die mich wirklich bewegt hat. Eine Gesellschaft, in der eine Person wie ich zu leben und zu funktionieren vermag und ein erfülltes Leben haben kann, um eine sehr persönliche Definition dessen zu geben, was ich unter der offenen Gesellschaft verstehe. Als Jude wurde ich in Ungarn durch die Nazis verfolgt, später durfte ich noch die Anfänge der kommunistischen Herrschaft dort erleben, also weiß ich sehr genau, wovon ich spreche.

In England widmete ich mich dem Studium verschiedener Gesellschaftsformen, und damals habe ich begriffen, was der Unterschied zwischen einer offenen und einer geschlossenen Gesellschaft ist.

Folgten Sie dabei den Theorien Poppers?

Sein Buch »Die offene Gesellschaft und ihre Feinde« hat mich in der Tat sehr beeinflußt. Daher habe ich das intellektuelle Gerüst für meine Gedanken über die Gesellschaft und die Geschichte.

Hatten Sie persönliche Beziehungen zu Popper?

Ich gehörte nicht zu seinen Studenten. Wir hatten ein sonderbares Verhältnis zueinander. Ich studierte Wirtschaftswissenschaften. Im letzten Jahr vor meinem Diplom konnte ich mir einen Professor auswählen, der mich in diesem letzten Jahr betreuten sollte, und ich wählte Karl Popper, der damals Professor an der London School of Economics war. Ich schrieb einen Essay für ihn, und aufgrund seiner Kritik daran schrieb ich einen zweiten. Wir trafen uns zweimal, um meine Arbeiten zu besprechen. Später, als ich anfing, meine eigenen Ideen zu entwickeln, schrieb ich ein Buch mit dem Titel »Die Last des Bewußtseins« (»The Burden of consciousness«). Ich schickte es ihm zu, und seine Reaktion war sehr positiv, woraufhin ich ihn besucht habe. Das mag im Jahr 1962 gewesen sein, also zehn Jahre, nachdem ich die Universität verlassen hatte.

Nachdem ich die Stiftung gegründet habe, traf ich ihn noch öfter, aber es ist keine enge Verbindung, die zwischen uns besteht.

In Anlehnung an die Gedanken Poppers, die mich so beeindruckten, habe ich meine erste Stiftung *»Open Society Fund«* genannt. Aber ich habe nur langsam gelernt, wie man mit einer Stiftung umgehen muß. Mein erstes größeres Engagement war in Südafrika, in einer auf Rassentrennung aufgebauten geschlossenen Gesellschaft. Ich dachte, sie könnte aufgebrochen werden, wenn man die Bildungschancen der Schwarzen verbessern würde. 1980 bin ich zusammen mit einem Zulu-Freund aus New York hingefahren, der damals nach Südafrika heimgekehrt war, um dort als Lehrer der Transkai-Universität zu arbeiten. Über ihn kam ich mit vielen Schwarzen zusammen, die ich sonst nicht kennengelernt hätte. Ich besuchte auch die Kapstadt-Universität, deren Rektor sich stark dafür eingesetzt hat, die Universität in eine multikulturelle Institution umzuwandeln. Ich wollte dieses Vorhaben unterstützen und stiftete im ersten Jahr achtzig Stipendien für schwarze Studenten.

Leider war diese Aktion nicht besonders erfolgreich. Die Kapstadt-Universität als Ganzes war keineswegs so aufgeschlossen wie ihr Rektor. Das Geld der Stiftung wanderte in das Budget der Universität, und die Zahl der Stipendien für Schwarze hatte sich nur geringfügig erhöht. Ich tröstete mich damit, wenigstens keinen Schaden angerichtet zu haben, aber diese Aktion setzte ich nicht weiter fort, was mir inzwischen leid tut. Heute ist Südafrika auf dem Weg zur offenen Gesellschaft, und letztes Jahr habe ich dort erneut eine Stiftung gegründet. Ich habe zwar einige wenige Programme über die ganze Zeit hindurch fortgeführt, aber sie waren nicht wirklich bedeutend: Ich habe unter anderen einige Frauenorganisationen, Gesundheits- und Menschenrechtsorganisationen unterstützt.

Im gleichen Jahr 1980 fing ich an, einige Stipendien für osteuropäische Dissidenten zu vergeben. Ich begann damit, Menschenrechtsorganisationen zu unterstützen, die polnische Solidarność und die Charta 77 in der Tschechoslowakei.

Das war in einer Zeit, in der es niemand zu hoffen gewagt hat, daß es zu wesentlichen Änderungen in Osteuropa kommen könnte. In Polen fand im Winter 1981 der Putsch von General Jaruselski statt, die Chartisten in der Tschechoslowakei waren eine kleine isolierte Gruppe. Welche Hoffnungen knüpften Sie an die Arbeit Ihrer Stiftungen?

Ich gründete sie, um Menschen zu unterstützen, die ihr Leben darauf gesetzt hatten, für Veränderungen in einer Diktatur, für die offene Gesellschaft zu kämpfen.

Sie hatten also keine Vision von einer bevorstehenden Änderung der politischen Verhältnisse in Osteuropa?

Nein. Ich setzte mein Geld auf eine Sache, auf die andere ihr Leben gesetzt hatten. Ich unterstützte diese Menschen, ich ermöglichte ihnen, das zu tun, was sie tun wollten, denn sie waren vor Ort. Ich hatte keine eigenen Pläne, keine grandiosen Ideen. Keine Sekunde lang glaubte ich, daß ich diese Regimes verändern könnte. Was ich hatte, war eine gewisse Perspektive; ich wußte, daß das kommunistische Dogma – wie alle Dogmen –

falsch war. Wenn es aber gelang, eine Alternative aufzuzeigen, eine Tür für andere Ideen aufzustoßen, dann würde die Falschheit des Dogmas offenkundig werden, und damit würde man tatsächlich das Dogma unterminieren, das Regime schwächen. Ich erwartete nicht, daß die kommunistischen Systeme zusammenbrechen, ich wollte sie von innen schwächen, indem ich Alternativen aufzeigte und das kritische Denken förderte.

Zunächst war aber noch nicht daran zu denken, Stiftungen zu gründen. In welcher Form kam die Unterstützung in den jeweiligen Ländern an?

Es waren vor allem Stipendien für unabhängige Denker oder Dissidenten, denen ermöglicht wurde, an amerikanischen Universitäten ein oder zwei Semester lang zu studieren und zu forschen. Es kamen vielleicht zehn Dissidenten, die ich nach und nach kennengelernt habe. Ihre Bekanntschaft half mir viel, denn damals war ich mit den Problemen der Region nicht vertraut, ich hatte sie ja vor vielen Jahren verlassen.

Hat Ihr Engagement also nichts zu tun mit Ihrer ungarischen Herkunft?

Bißchen was hat es schon damit zu tun: Ich spreche ja die Sprache, und so hatte ich die besten Kontakte zu Ungarn. Aber ich habe nicht deshalb beschlossen, die Demokratiebewegungen zu unterstützen, weil ich in Ungarn geboren wurde.

Fühlen Sie sich nicht zu Ungarn zugehörig?

Doch, schon. Aber das war nicht die zentrale Erwägung bei der Gründung der Stiftungen. Unter den Stipendiaten gab es mindestens so viele Polen wie Ungarn. Von den Ungarn unter ihnen erfuhr ich natürlich am meisten über die Lage in Osteuropa.

War das der Grund dafür, daß die erste Stiftung in Ungarn gegründet wurde?

Natürlich, dort hatte ich schnell einen Kreis von Freunden gewonnen. Alsbald meinten jedoch die Dissidenten, daß der Prozeß der Auswahl von Stipendiaten nicht richtig sei. Es war ein geheimer, kein offener Prozeß, und die Dissidenten wurden dafür belohnt, Rebellen zu sein. In gewisser Weise wurden sie dadurch diskreditiert, man beschuldigte sie, auf ihrem Dissidenten-Dasein eine Karriere aufzubauen. Und so kam es mir in den Sinn, daß man mir in Ungarn vielleicht erlauben würde, eine Stiftung zu gründen. Ungarn war ja dem Westen gegenüber verhältnismäßig offen. Also lud ich den ungarischen Botschafter zum Frühstück ein, und zu meinem allergrößten Erstaunen bekam ich eine positive Antwort auf meine Frage. Die Ungarn betrachteten mich als einen Geschäftsmann, der ihnen in Amerika gute Beziehungen verschaffen und Geld geben würde, als den reichen Onkel aus Amerika, der naiv genug ist, sich ausnehmen zu lassen.

1984, als dies passierte, war in Ungarn immer noch ein streng kommunistisches Regime an der Macht. Heute wird Ihnen gerade in Ungarn häufig vorgeworfen, Sie hätten im Interesse Ihrer Stiftung mit diesem Regime kollaboriert. Trifft das zu?

Selbstverständlich haben wir kollaboriert. Die Kommunisten wollten mich ausnutzen, und ich wollte sie ausnutzen: Das war die Grundlage der Kollaboration. Die große Frage war, wer schließlich Sieger sein würde. Die Konstruktion, die wir ausgehandelt hatten, war folgende: Eine gemischte Kommission sollte aufgestellt werden, die sollte aus Delegierten der Ungarischen Akademie der Wissenschaften, einer Institution, die damals noch voll unter der Kontrolle des Innenministeriums stand, und Delegierten meiner Stiftung bestehen. Es war also ein *Joint Venture*, eben eine Form der Kollaboration. Wir hatten ein Abkommen über das *Joint Venture*, das beiden Seiten das Vetorecht über die Ausgaben zusicherte. Nur solche Ausgaben konnten gemacht werden, die von beiden Vorsitzenden gleichermaßen gebilligt wurden. Ich war der eine Vorsitzende, der Sekretär der Akademie der Wissenschaften war der andere.

Wer hat schließlich wen ausgenutzt?

Im Falle von Ungarn zweifellos ich die Kommunisten. Das war nicht überall so, in China beispielsweise habe ich den Kampf verloren. In Ungarn jedoch war ich besser informiert, ich hatte dort wunderbare Berater. Einer von ihnen war und ist Miklós Vásárhelyi, der ehemalige Pressesprecher der Imre-Nagy-Regierung von 1956, der wegen seiner Teilnahme an der Revolution lange Jahre im Gefängnis verbracht hat. Der Erfolg der ungarischen Stiftung ist in großem Maße seiner politischen Weisheit und Geschicklichkeit zu verdanken. Ich habe damals keinen Schritt unternommen, ohne ihn konsultiert zu haben. Er verstand die Lage viel besser als ich, und ich vermute, auch viel besser als die politisch Verantwortlichen in Ungarn selbst.

Sie wollten aber gleich am Anfang wieder aussteigen?

Nachdem wir schon die Vereinbarung über die Gründung der Stiftung unterzeichnet hatten, kam ein Erlaß über die Mitarbeiter des Sekretariats heraus. Unsere Vorstellung war, daß die Mitarbeiter unabhängig sein und von uns ausgewählt werden sollten. Die Idee der Regierung war statt dessen, daß die Mitarbeiter von einer Institution des Innenministeriums, einem dubiosen Verein für Internationale Kulturelle Beziehungen, gestellt werden würden. Das war der Punkt, an dem Miklós Vásárhelyi sagte, ich dürfe keine Kompromisse eingehen: Die Exekutive der Stiftung müsse unabhängig bleiben. In diesem Zusammenhang hatte ich ein Treffen – mein erstes Treffen – mit György Aczél, dem allmächtigen Parteiverantwortlichen für Kulturfragen. Er sagte, ich soll nicht mit schlechten Gefühlen gehen, worauf ich ihm geantwortet habe, daß ich sehr wohl schlechte Gefühle hätte. Das war schon auf dem Weg hinaus, praktisch in der Tür, als er mich fragte: »Was ist es wirklich, was Sie wollen?« »Ein unabhängiges Sekretariat«, war meine Antwort. Schließlich fanden wir für das Sekretariat den gleichen Kompromiß wie für die Präsidenten, und jede Seite stellte einen Verantwortlichen.

Eine unserer ersten Aktionen war, verschiedensten vor allem wissenschaftlichen Institutionen gegen ungarische Forint Fotokopiergeräte anzubieten. Das war ein sehr vorteilhafter Handel, denn wir brauchten Forint, um Stipendien vergeben zu können. Wir kauften zweihundert Stück im Ausland und verkauften sie gegen Forint an verschiedene Institutionen. Diese Aktion war deshalb ein großer Erfolg, weil sie dazu geeignet war, das Monopol der Partei und des Staates über die Kopiermaschinen zu brechen. Es war in der Tat noch mehr als das: Es war eine erste Lockerung des staatlichen Informationsmonopols. Bis dahin standen die wenigen vorhandenen Kopiergeräte unter strenger Aufsicht, praktisch unter Verschluß. Jeder Vorgang mußte genehmigt werden. Als es dann immer mehr Fotokopiergeräte gab, konnte diese Praxis einfach nicht mehr fortgeführt werden.

Aber warum hat der ungarische Staat diese Aktion nicht verboten?

Es war sehr schwierig, dagegen etwas einzuwenden, ohne offen auf das Informationsmonopol des Staates einzugehen. Außerdem brauchten die Institute die Geräte dringend für ihre Arbeit.

Das aber ist im Sozialismus noch nie als ausreichender Grund betrachtet worden.

Das stimmt. Vielleicht hat dabei die seltsame Tatsache auch eine Rolle gespielt, daß es selbst in der Regierung einige Funktionsträger gab, die mit den Zielsetzungen der Stiftung sympathisiert haben.

Wer war das, und woher kamen ihre Sympathien?

Es waren vor allem Wirtschaftsfachleute, fast könnte man sagen, eine Fraktion innerhalb der Regierung. Die für die Ideologie Verantwortlichen waren gegen die Stiftung. Meine Hauptstütze in der Regierung war Ferenc Bartha, der damals für die Wirtschaftsbeziehungen zum Ausland verantwortlich war. Er war auch für die Stiftung zuständig, und er wollte unbedingt, daß sie ein Erfolg wird. Er wünschte die Änderung des politischen Systems herbei, ohne sich zu exponieren, ein Technokrat, der zusammen mit einer Reihe anderer Ökonomen, wie Márton Tardos zum Beispiel, Reformen wollte.

Die Stiftung operierte sehr vorsichtig. Wir achteten immer darauf, daß sich die für die Regierung negativen und positiven Projekte etwa im Gleichgewicht hielten: Wir gaben Geld für kulturelle Projekte, die auch von der Regierung gern gesehen wurden, und wir gaben Geld für so negativ eingeschätzte Projekte wie die Anschaffung der Kopiermaschinen. Stipendien für Schriftsteller wurden auch nicht gern gesehen, weil sie ihre Unabhängigkeit förderten. Wir sind sogar beschuldigt worden, hinter der Rebellion des Schriftstellerverbandes gegen die Partei gestanden zu haben.

Wenn Sie heute zurückblicken, sehen Sie Ihre Aktivität in Ungarn als ein Erfolg an?

Es war die großartigste, die schönste Zeit der Stiftung überhaupt. Wir waren eindeutig die Sieger, wir haben immer die Initiative behalten. Auch arbeiteten wir in einer Umgebung, die für die Stiftung extrem günstig war. Stiftungen sind in der Regel Verlierer, auch in einer offenen Gesellschaft, weil man sie immer ausnutzt und betrügt, weil es eine Menge Korruption um sie herum gibt, weil sie in die Hände von Angestellten fallen, die sich selbst bedienen. Dann fangen sie sich an zu wehren, indem sie einen bürokratischen Apparat aufbauen, und deshalb gibt es viele Stiftungen, in denen ein schlechter Geist herrscht.

Sind Ihre Stiftungen besser?

Die ungarische bestimmt. Die Stiftung ermöglichte in Ungarn den Menschen das zu tun, was sie tun wollten, und deshalb sahen sie die Stiftung als ihre eigene Sache an. Sie selbst verhinderten, daß sie mißbraucht wurde. Wann immer jemand sie ausnutzen wollte, fanden wir es heraus, weil es immer Menschen gab, die uns darauf aufmerksam gemacht haben. Sie war eine Institution der zivilen Gesellschaft.

Es war offensichtlich nicht überall so.

Ja, sicherlich. Selbst in Ungarn kann ich nicht ausschließen, daß dort Geld mißbraucht wurde. Aber es herrschte ein wunderbarer Geist. Wir vergaben sehr kleine Beträge, wir bezahlten die Menschen nicht dafür, was sie gemacht haben, wir halfen ihnen nur, tun zu können, was sie wollten, indem wir ihnen zum Beispiel ein Kopiergerät gaben.

Wieviel Geld haben Sie in Ungarn ausgegeben?

Etwa drei Millionen Dollar im Jahr. Und diese drei Millionen Dollar hatten einen Einfluß auf zehn bis zwanzig Prozent des Bildungs- und Kulturetats, sie erlaubten den Menschen, diesen Etat in ihrem eigenen und nicht im Sinne des kommunistischen Staates zu nutzen. In Wirklichkeit nutzten wir alle Einrichtungen des Parteienstaates und des Parteiapparates für unsere Zwecke: Ich habe alle ihre Schulen, Theater, Universitäten und Institutionen benutzt. Alle, die Unterstützung erhielten, arbeiteten ja in staatlichen Institutionen, von dort bekamen sie ihre Gehälter.

Insofern hat gewiß der damalige ungarische Staat den kürzeren gezogen. Was sind schon die paar Millionen Dollar, die ich gegeben habe, gegen den Milliardenetat des Bildungsministeriums!

Sie sprechen über diese Zeit voller Nostalgie.

Ich bin mir sicher, daß viele der Beteiligten voller Nostalgie zurückdenken, weil wir mit geringen Mitteln sehr große Erfolge erzielt haben. Nie wieder gab es ähnlich gute Bedingungen, und die ungarische Stiftung hatte danach sehr große Schwierigkeiten, sich den veränderten Verhältnissen nach der Wende anzupassen.

Es war schwierig, sich den freieren Verhältnissen, den Bedingungen ohne Hindernisse anzupassen?

Ja. Plötzlich waren wir nicht mehr allein, es gab eine Reihe anderer Stiftungen, und wir verloren unsere führende Position. Vor 1989 hatten wir einen entscheidenden Einfluß auf das kulturelle Leben, den wir nach der Wende nicht mehr behalten konnten. Es gab eine Zeit, in der wir sogar eine wesentliche Rolle bei den revolutionären Veränderungen gespielt haben, da wir die Verkörperung der Legitimität waren, im Gegensatz zur reformkommunistischen Regierung, die sich in dieser Zeit nicht mehr so legitim fühlte. Die Verantwortlichen wollten in dieser Zeit mit uns zusammenarbeiten, weil sie hofften, unsere Legitimität würde auf sie abstrahlen. Das war der höchste Punkt, den wir je erreicht hatten. Als das vorbei war, entwickelte sich in der Stiftung ein gewisser Hang, in der Vergangenheit zu leben und so weiterzumachen wie früher.

Nach der Wende haben sich unsere finanziellen Bedingungen schlagartig verschlechtert. Der für uns günstige Umrechnungskurs hatte sich geändert, Ungarn wurde sehr teuer. Wir konnten nicht mehr mit Freiwilligen weiterarbeiten, wir mußten die Mitarbeiter bezahlen, wir mußten zu einer professionellen Organisation werden. All das bewirkte, daß wir viel weniger Geld zur Verfügung hatten. Wir brauchten eine neue Strategie, eine vollkommen neue Funktionsweise. Als die neue Regierung ihr Amt übernahm, war sie die Inhaberin der Legitimität, und wir verloren sie.

Wieso verlor die Stiftung deswegen ihre Legitimität?

Die neue Regierung wollte mit uns nicht zusammenarbeiten. Aber je stärker die nationalistische Ausrichtung der neuen Regierung wurde, um so mehr fing sich die Stiftung wieder. Sie fühlte sich durch die neue, gegen sie gerichtete Feindseligkeit herausgefordert.

Warum waren die Beziehungen zwischen der neuen, legitimen Regierung und der Stiftung nicht gut? Man würde annehmen, daß es genau umgekehrt war.

Ganz einfach: Die meisten Menschen, die mit der Stiftung zusammengearbeitet haben, standen einer Partei nahe, die nach den ersten freien Wahlen in die Opposition geriet, der Partei der Freien Demokraten. Obwohl die Stiftung sehr darauf geachtet hat, keine parteipolitischen Präferenzen zu haben, sich nicht zu einer Clique zu entwickeln, waren viele in ihrer Leitung Mitglieder oder Sympathisanten der Freien Demokraten. Aber das ist kein Wunder: Die Konzeption der offenen Gesellschaft steht dem politischen Programm der Freien Demokraten am nächsten.

Selbstverständlich gibt es darüber hinaus einen allgemeineren Grund für die neu aufgekommene Feindseligkeit. Der Kommunismus war ein universelles Programm der geschlossenen Gesellschaft. Manche lehnten es ab, weil es ein universelles Programm war, weil es ihre nationale Identität leugnete, und deswegen stellten sie dem ein nationales Programm entgegen. Andere lehnten es vor allem deshalb ab, weil es das Programm einer geschlossenen Gesellschaft war, und wollten für eine offene Gesellschaft arbeiten. Aus der ersten Gruppe entwickelten sich die nationalistisch eingestellten Parteien, aus der anderen die Kämpfer für eine offene Gesellschaft. Gerade in Ungarn trennten sie sich ziemlich genau in das Demokratische Forum auf der einen und die Freien Demokraten auf der anderen Seite.

Wenn wir noch einmal zurückkommen auf Ihre Selbstbeschreibung als »Staatsmann ohne Staat«, wie weit kann ein Bürger eines anderen Staates, der

Sie sind, wie weit kann eine von ihm begründete Stiftung in einem fremden Land gehen? Wo sind für Sie die Grenzen der Einmischung?

Eine legitime und sehr wichtige Frage. Ich stütze mich immer auf die Menschen, die in diesem Land leben. Sie entscheiden, was für dieses Land am besten ist. Täte ich das nicht, wäre ich ein hilfloser Außenstehender. Ich unterstütze diejenigen, die eine offene Gesellschaft aufbauen wollen.

Natürlich mische ich mich in die internen Angelegenheiten dieser Länder ein, weil ich die Herausbildung einer bestimmten Art von Gesellschaft fördern will. Aber ich würde es nie tun, gäbe es nicht die Menschen in dem Land, die dieses Ziel verfolgen wollen und dafür die Verantwortung übernehmen. Ich als Ausländer will nicht anwesend sein. Aber zu einer offenen Gesellschaft gehört auch, daß ein Land ein gewisses Maß an ausländischen Einflüssen ertragen können muß. Wenn die Gesetze eines Landes ausländische Stiftungen ausschließen würden, wären wir selbstverständlich nicht dort.

Gibt es Dinge, die Sie mit Ihren Stiftungen nie tun würden? Gibt es Grenzen, die Sie niemals überschreiten würden?

Das Schwierige ist, eine Trennungslinie zu finden zwischen der Unterstützung des Konzepts der offenen Gesellschaft und der Unterstützung politischer Parteien. Ich habe keine Schwierigkeiten damit, eine demokratische Bewegung zu unterstützen, wenn sie gegen ein undemokratisches Regime kämpft. Ich will jedoch keine politischen Parteien unterstützen, die sich in einer schon existierenden parlamentarischen Demokratie bewegen müssen. Unter solchen Umständen würde ich niemals eine politische Partei unterstützen, und ich habe es auch nie getan.

Aber um genau zu sein, muß ich sagen, daß es im konkreten Fall sehr schwierig ist, die Trennungslinie zwischen einer demokratischen Bewegung und einer politischen Partei zu ziehen. Nehmen Sie ein Land wie Rumänien. Dort haben wir alle Zeitungen unterstützt, die nicht einer Partei gehören, indem wir ihnen Papier zu niedrigen Preisen geliefert haben. Iliescu beschuldigte mich daraufhin, die Opposition zu unterstützen. Meine Antwort war, ich würde keine politischen Parteien, sondern den Pluralismus unterstützen. So verschieden kann man die Dinge sehen. Mit diesem Beispiel wollte ich nur zeigen, wie schwierig es ist, immer wieder den Punkt zu bestimmen, bis wohin man gehen kann.

Es gibt viele Menschen, die keine offene, sondern eine geschlossene Gesellschaft in den osteuropäischen Ländern haben wollen. Das galt damals für die Kommunisten und gilt heute ebenso für die Nationalisten. István Csurka in Ungarn hätte es gewiß lieber, wenn es in Ungarn keine Soros-Stiftung gäbe. Wenn man eine geschlossene Gesellschaft anstrebt, ist es nur selbstverständlich, daß man Leute wie mich aus dem Land drängen will.

Sie haben inzwischen Stiftungen in zweiundzwanzig Ländern, fast überall in Osteuropa, und sie erwähnten schon, daß sie nicht allerorts so erfolgreich waren wie in Ungarn. Was waren die Probleme?

Alle Stiftungen sind verschieden, es gibt nicht zwei unter ihnen, die die gleichen Probleme hätten. Daß wir in China verloren und aufgegeben haben, sagte ich schon. Mit der polnischen Stiftung haben wir in den Jahren 1986–87 begonnen. Am Anfang lief dort fast alles schief. Wahrscheinlich war ich selbst schuld daran, denn ich hatte versucht, den Erfolg der ungarischen Stiftung zu reproduzieren. Ich glaubte, daß ich in Polen auf ein sicheres Fundament bauen könnte, da ich schon früher die damals noch illegale Gewerkschaft Solidarität unterstützt habe. Auch habe ich eine illegale Organisation namens *»Okno«* (Fenster), eine kulturelle Organisation im Untergrund, unterstützt. Als dann 1988 die Stiftung gegründet werden sollte, tat ich mich mit den Mitarbeitern von *»Okno«* zusammen, da ich annahm, sie würden schon wissen, wie man eine Stiftung führt. Ich dachte, ich müßte ihnen nur etwas Geld geben, und dann würde es schon gehen. Aber es kam ganz anders, die *»Okno«*-Leute wußten überhaupt nicht, was sie machen sollten, sie waren nicht einmal dazu imstande, ein Telefon zu organisieren.

In Ungarn halfen wir Menschen, die wußten, was sie wollten. In Polen suchte ich auch nach solchen Menschen, ich fand sie jedoch zunächst nicht. Nach der Revolution von 1989 gab ich die Stiftung in die Hände von Zbigniew Bujak, dem

Helden der Solidarność, aber auch das funktionierte nicht. Später haben wir dann den richtigen Mann für die Spitze gefunden, es kam jedoch noch zu einen großen Streit zwischen mir und der Stiftung. Ich wollte immer noch, daß sie so arbeitet wie die ungarische. Sie sollte keine Stiftung sein, die selbst arbeitet, sondern eine, die Stipendien vergibt. Die Mitarbeiter jedoch bestanden darauf, eine arbeitende Stiftung zu werden, gewisse Bereiche und Menschen auszuwählen und ihnen dann für verschiedene Aufgaben Geld zu geben. Für mich war das zu eng, doch schließlich stellte es sich heraus, daß sie recht hatten und nicht ich. Die polnische Stiftung *Stefan Bathory* ist inzwischen eine der besten Stiftungen überhaupt.

Die bulgarische Stiftung ist der polnischen sehr ähnlich. Da beide, die polnische und die bulgarische, schon in der neuen Ära geboren wurden, arbeiten sie den neuen Bedingungen angepaßt. Die ungarische, die noch unter dem alten Regime entstanden war, hatte mit der Anpassung erheblich größere Probleme. Und auch bei der russischen Stiftung kam alles ganz anders, als ich zunächst gedacht habe: Ich hatte sie in der Hoffnung gegründet, sie würde in der Revolution eine führende Rolle spielen. Statt dessen machte sie selbst die gleiche Revolution durch wie die russische Gesellschaft auch. Wenn man die Geschichte der russischen Stiftung schreiben wollte, wäre sie mit der Geschichte der Revolution identisch.

Erlitt sie etwa ebenso viele Niederlagen?

Mit der Organisierung der russischen, beziehungsweise damals noch der sowjetischen Stiftung fingen wir 1987 an. Ich bin zunächst als Tourist nach Moskau gereist und wollte Andrej Sacharow dafür gewinnen, die Stiftung zu führen. Er aber riet mir dringend von meinem Vorhaben ab, denn er war der Ansicht, daß das Geld in den Safes des KGB landen würde. Ich gab trotzdem nicht auf, und es gelang mir auch, ein vorläufiges Leitungsgremium zusammenzubringen. Das war wahrhaft abenteuerlich besetzt, denn in ihm saßen Leute zusammen, die sich sonst nicht einmal gegrüßt hätten: der Historiker Juri Afanassjew, die Soziologin Tatjana Saslawskaja auf der einen und der inzwischen zum extremen Nationalisten gewordene Schriftsteller Valentin Rasputin auf der anderen Seite. Heute wäre sowas undenkbar. Schon damals machte uns der chaotische Zustand des Landes schwer zu schaffen. Schließlich begann die Stiftung erst 1992 wirklich zu arbeiten, nachdem ich lange Zeit gar nicht sicher war, ob sie überleben würde. Jetzt ist ihre Tätigkeit ausgezeichnet. Sie hat großartige Leistungen vollbracht, zum Beispiel bei der Reform des Unterrichtswesens. Aber wir haben fünf wertvolle Jahre verloren, und heute weiß ich, daß es seine Zeit braucht, um zu lernen, wie man in einer revolutionären Zeit handeln muß.

Sie sagten aber, Sie seien gerade auf solche revolutionäre Situationen spezialisiert.

Ich kann mich damit entschuldigen, die richtigen Hinweise gegeben zu haben. Aber ich habe meine richtig bestimmten Ziele nicht rechtzeitig durchgesetzt. Von allen Stiftungen auf dem Gebiet der ehemaligen Sowjetunion hat die in der Ukraine meinen Erwartungen am meisten entsprochen. Um sie herum ist ein ganzes Netzwerk von anderen Institutionen entstanden, die in den verschiedensten Bereichen arbeiten. Sie hängen alle in irgendeiner Weise mit der Stiftung zusammen: das Institut für die Ausbildung von Mitarbeitern im Öffentlichen Dienst, eine private Universität, eine Gruppe von Beratern für das Parlament, eine Stiftung für die Entwicklung der Rechtskultur, ein Medienzentrum, ein Institut für Ökonomie, ein Institut für die Privatisierung. Alles sind Institutionen einer zivilen Gesellschaft, und ich bin sehr stolz darauf, wie sie sich entwickelt haben. Es gibt sogar ein Studieninstitut für Nationale Sicherheit, geführt von einem ehemaligen US-General ukrainischer Abstammung. Die Ukraine ist deswegen immer noch in einer sehr schwierigen Situation, aber vielleicht gelingt es dieser Stiftung, etwas Bleibendes zu schaffen.

In Prag, in der Tschechischen Republik, scheint Ihnen dagegen alles mißglückt zu sein.

Wie ich schon sagte, ich habe die Charta 77 seit

1980 unterstützt. Ich habe insgesamt etwa drei Millionen Dollar dafür ausgegeben. Als die *Samtene Revolution* stattfand, schlug ich einigen früheren Aktivisten und dem Prinzen Karl von Schwarzenberg, mit dem ich schon vor der Revolution zusammengearbeitet hatte, vor, wir sollten jetzt eine Stiftung gründen. Wir trafen uns im Dezember 1989 in Prag. Ich erinnere mich, Schwarzenberg hatte immer noch Schwierigkeiten, ein Visum zu bekommen, weil die Vertreter der Tschechoslowakei in Wien mit der neuen Lage noch nicht recht vertraut waren. Es war eine wunderbare, friedliche Weihnachtsatmosphäre in Prag, die ich nie vergessen werde. Die Stiftung jedoch bekam keine Unterstützung, die Hilfe von außen wurde von Anfang an schief angesehen. Es gab viel Groll auf der Seite der Leute, die Unterstützung erhielten, und noch viel mehr auf der Seite derjenigen, die keine bekamen. Es war nicht bekannt, daß ich die Charta lange vor der Revolution unterstützt habe, und keiner wußte, wer dieser seltsame Mensch aus Amerika war.

Das Problem war, daß die Stiftung vor allem mit Emigranten zusammenarbeitete, und den Emigranten gegenüber gab es viel Mißtrauen. Viele alte Streitigkeiten brachen immer wieder auf, und statt in der Gegenwart zu leben, war man vor allem damit beschäftigt, die Kämpfe der Vergangenheit auszutragen.

Es kam dann auch noch zu einem Konflikt zwischen der Stiftung und der Charta, denn die Charta war der Ansicht, die Stiftung gehöre in Wirklichkeit ihr. Die Konflikte haben schließlich sämtliche Energien der Stiftung aufgezehrt. Ich ermahnte sie mehrere Male, die Vergangenheit ruhen zu lassen und sich der Arbeit in der Gegenwart zu widmen, und als das nichts fruchtete, stellte ich meine Tätigkeit in Prag ein. Es war meine enttäuschendste Erfahrung in Osteuropa überhaupt.

Sie sorgen nicht nur für die Stiftungen, Sie finanzieren auch die Mitteleuropäische Universität. Warum meinen Sie, daß diese Universität notwendig ist?

Ich habe mir zunächst ein Netzwerk der Kooperation zwischen schon bestehenden Universitäten in Mitteleuropa vorgestellt, da ich glaubte, informelle, nicht institutionalisierte Initiativen wären nützlicher. Doch als 1989 die Mauer fiel, wurde mir klar, daß doch eine Institution gebraucht wird: eine Universität, die zugeschnitten ist auf die Periode des Übergangs. Unter den ehemaligen Gegnern des Kommunismus herrschte keineswegs Einigkeit darüber, daß das Ziel eine offene, demokratisch-pluralistische Gesellschaft war. Die Universität sollte die Gedanken der Revolution von 1989 bewahren und fortentwickeln, und sie sollte ganz besonders die Zusammenarbeit und das gegenseitige Verständnis unter den Intellektuellen der ehemaligen sozialistischen Länder fördern. Sie sollte helfen, in Osteuropa eine Elite heranzubilden, die gegen die Verlockungen des Sozialismus und des Nationalismus gleichermaßen gewappnet ist.

Zunächst erhielt die Universität jährliche Zuwendungen. Ich gab ihr fünf Jahre, um aus dem Chaos, das zunächst herrschte, irgendeine Form von Ordnung hervorzubringen. Die Entwicklung ging aber viel schneller voran, als ich es erwartet habe, deshalb ist die Universität jetzt schon in eine stehende Institution umgewandelt worden. Sie erhält von mir für mindestens zwanzig Jahre mindestens zehn Millionen Dollar pro Jahr für fortlaufende Kosten. Im Wintersemester 1995 kann der Lehrbetrieb im neuen Gebäude in der Budapester Innenstadt beginnen.

Wer kann an dieser Universität studieren?

Zugelassen sind Studenten aus Ost und West mit abgeschlossenem Hochschulstudium. Im Angebot sind Fächer der Geisteswissenschaften, die Unterrichtssprache ist Englisch. Viele der Dozenten kommen gegenwärtig von westlichen Universitäten, aber ich hoffe, daß sich das allmählich ändern wird. Es wird etwas anders als an herkömmlichen Universitäten gearbeitet; Originalität und Kreativität erhalten einen größeren Raum, der Unterricht ist mit der Forschung und der Erarbeitung von konkreten Projekten für die einzelnen Länder kombiniert.

Ursprünglich war vorgesehen, daß die Universität je einen Sitz in Budapest und in Prag haben soll. Sind Sie in Prag auch mit dem Konzept der Mitteleuropäischen Universität gescheitert?

Zunächst gab es ein großes Interesse von der Seite der neuen Regierung an der Universität. Man hatte mich ermutigt, und ich hatte dabei das Gefühl, einem bestehenden Bedürfnis zu entsprechen. Ich war froh darüber, daß es dieses Bedürfnis gab, denn unter keinen Umständen wollte ich mit der Organisierung der Universität in Ungarn beginnen. Da ich selbst ungarischer Abstammung bin, wäre die Universität im Handumdrehen zu einer ungarischen Universität geworden.

Aber dann stellte es sich heraus, daß die Universität in Prag niemals genügend Unterstützung bekam, obwohl ich, wie gesagt, von der Regierung eingeladen und ermutigt wurde. Der erste Vertrag, der einige offene Punkte hatte, wurde von der zweiten Regierung gekündigt. Daß es so kommen konnte, daran war ich zum Teil selbst schuld, denn ich schaue nie auf die juristischen Formen. Die Beziehungen zum zuständigen Ministerium waren sehr schwierig, wir wurden immer wieder in organisatorische Fragen verwickelt. Nach einiger Zeit hatte ich das Gefühl, daß die Universität in Prag nicht lebensfähig sein würde, und ich hatte keine Lust, viel Geld in einen absehbaren Mißerfolg zu stecken. Doch es war nicht in erster Linie die Frage des Geldes. Die Universität in Budapest kostete mich viel mehr. Es war die Feststellung, daß der Universität in Prag die eigene Kraft gefehlt hat. Es ist mein Prinzip, daß ich nicht der Eigentümer sein will, der nach den Dingen schaut. Ich möchte, daß Menschen vor Ort die Gefühle des Eigentümers entwickeln und die Interessen des Eigentümers wahrnehmen. Nur unter der Bedingung engagiere ich mich für ein Projekt. Diesem Prinzip folge ich sowohl in den Stiftungen als auch in meinen Unternehmungen, auch wenn ich beide Bereiche strikt voneinander trenne.

Haben Sie in Prag alles aufgegeben?

Nein, wir haben in Prag nicht alles aufgegeben. Präsident Vaclav Havel hat für die Universität Räume im Präsidentenpalast angeboten, damit die Kurse für Kunstgeschichte und Philosophie fortgesetzt werden können. Wir haben dieses Angebot mit großer Freude angenommen, und so wird die Universität eine ständige Zweigstelle im Prager Präsidentenpalast haben. Auch gibt es eine größere neue Initiative, das Forschungsinstitut und das Archiv von Radio Freies Europa zu übernehmen, das wir als Basis für unsere Medieninstitut nutzen wollen. Auch das wird Teil der Universität sein. Die Verhandlungen sind zwar nicht abgeschlossen, aber ich bin optimistisch und wäre sehr glücklich, wenn wir auch in Prag erfolgreich arbeiten könnten.

Alles in allem, würden Sie sagen, daß Ihre Stiftungen in Osteuropa erfolgreich sind? Hat es sich gelohnt, so viel Geld zu verschenken?

Bestimmt. Und die Summe wächst sehr schnell, denn je besser die Stiftungen arbeiten, um so mehr Geld kann man ihnen anvertrauen.

Das heißt, Ihr Problem ist, daß Sie mehr Geld haben, als Sie in Osteuropa tatsächlich sinnvoll ausgeben könnten?

In gewisser Weise ja. Ich bin meinen Stiftungen gegenüber ebenso kritisch wie meinen Investitionen: Ich bestehe auf Erfolgen. Ich unterschreibe keinen Scheck einfach so. Ich will sehen, wofür das Geld ausgegeben wurde, daß es produktiv gearbeitet hat. Man kann nicht einfach Geld vergeben. Geld ist nur eine Komponente, die für den Erfolg notwendig ist. Und unter gewissen Umständen kann das Geld mehr Schaden anrichten als Nutzen bringen. Hat eine Stiftung einfach Geld, so braucht sie nicht zu beweisen, daß sie überleben kann. Ich unterwerfe die Stiftungen immer einer harten Prüfung, und sie müssen mir beweisen, daß sie überleben wollen. Wenn sie das bewiesen haben, dann unterstütze ich sie.

Wie kann man sie testen?

Eine der Möglichkeiten ist, sie hungrig zu halten, am Rande des Hungertodes. Diejenigen, die die Hungerdiät überlebt haben, bekommen dann mehr, weil ich bei denen sicher sein kann, daß sie nie Fett ansetzen werden. Nehmen wir als Beispiel das unglaublich erfolgreiche Programm in Rußland zur Transformation der Humanwissenschaften. Ich sah für dieses Programm ursprünglich fünf Millionen Dollar vor, von denen bisher vielleicht zweieinhalb Millionen ausgegeben wurden. Ich habe inzwischen das Budget auf fünfzehn Millionen erhöht und plane, es in nächster Zukunft noch einmal auf hundert Millionen aufzustocken. Es ist faszinierend, mit wie wenig Geld eine Stiftung auskommt und große Erfolge erzielen kann, wenn sie gut ist.

Haben Sie den Gang der Geschichte in Osteuropa geändert? Wäre sie anders verlaufen, wenn Sie nicht aktiv gewesen wären?

Ich habe sie am Rande, minimal geändert. Nehmen Sie das Beispiel Ungarn. Ich war am Umsturz des kommunistischen Systems nicht beteiligt, das wäre auch ohne mich zusammengebrochen. Es brach ja schließlich auch in anderen Ländern, in denen ich nicht anwesend war, zusammen. Ich gehörte gewiß nicht zu den bewegenden Kräften der Wende. Aber die relative Stabilität des Übergangs in Ungarn kann zu einem gewissen Grade auch meiner Aktivität, der Arbeit der Stiftung zugeschrieben werden. Die Menschen waren auf den Wandel vorbereitet. Etliche Führer von Fidesz, der Partei der Jungen Demokraten, haben je ein Jahr in Oxford verbracht. Es hat sie zwar nicht notwendigerweise zu wunderbaren Politikern gemacht, aber sie waren für das, was auf sie zukam, besser gerüstet. Das gleiche gilt vermutlich für einige andere Situationen, die mir im einzelnen nicht bekannt sind. Denn das Schöne an dieser Arbeit ist, daß ich von dem meisten, was die Stiftungen tun, gar nichts weiß. Manchmal treffe ich Menschen, von denen es sich herausstellt, daß sie von einer der

Stiftungen gefördert wurden. Dann freue ich mich darüber. Ja, auf lange Sicht gesehen, macht es doch einen Unterschied aus, ob ich etwas getan habe oder nicht.

Inzwischen hat sich die Lage grundlegend geändert. Während meine Stiftungen und ich damals eine Schlacht gegen die kommunistische Diktatur gewonnen haben, sind wir gegenwärtig dabei, eine Schlacht gegen die nationalistische Diktatur zu verlieren. Aber wenigstens sind wir dabei, die Schlacht zu führen.

Warum sind Sie sich sicher, daß diese Schlacht verloren ist?

Vielleicht wird es Ungarn und Polen gelingen, diesem Schicksal zu entrinnen. Doch selbst in diesen Ländern scheint die Entwicklung eher zurück in die Vorkriegsvergangenheit als in die Zukunft, nach Europa zu führen. Es gibt einen allgemeinen starken Trend in Mittel- und Osteuropa zur nationalistischen Diktatur. So wie es einen Trend hätte geben können hin zur offenen Gesellschaft, zum offenen Europa. Jetzt sind die Wege bereits vorgeschrieben, und ich befürchte, daß womöglich auch der Westen Europas diesen Weg beschreiten wird.

Der Vormarsch des Nationalismus

Wie sehen Sie die wirtschaftliche Zukunft der osteuropäischen Länder? Sie sind unabhängig und frei geworden in einer Zeit, in der auch die stärksten westlichen Ökonomien in schweren Krisen stecken und vor Problemen stehen, die nur langfristig, wenn überhaupt, überwindbar sind.

Man muß eine scharfe Trennungslinie ziehen zwischen Mitteleuropa, das heißt Polen, die Tschechische Republik und Ungarn auf der einen und der ehemaligen Sowjetunion auf der anderen Seite. Es gibt noch die dritte Kategorie, die Länder, die dazwischen liegen: die Slowakei, Rumänien, Bulgarien und so weiter. Was die ersten drei betrifft, so macht dort der Prozeß der Entwicklung hin zu einer Marktwirtschaft gute Fortschritte. Ich bin grundsätzlich optimistisch, daß diese Richtung beibehalten wird, außer gewisse politische oder militärische Ereignisse kommen dazwischen. Das gleiche kann gegenwärtig über Estland und vielleicht, aber weniger klar und eindeutig, über Litauen und Lettland gesagt werden. Estland hat eine stabile Währung, und obwohl die Bedingungen gegenwärtig sehr schwierig sind, sind die Aussichten nicht allzu schlecht. Diese Länder haben auf jeden Fall den Tiefpunkt überwunden und bewegen sich in die richtige Richtung.

Die frühere Sowjetunion dagegen befindet sich in einer chaotischen Lage, das alte System ist immer noch im Zusammenbruch begriffen, ohne daß ein neues in Aussicht wäre. Das Marktsystem funktioniert nicht, weil es kein funktionsfähiges Geldsystem gibt. Wenn dieses Chaos noch weiter andauert, entsteht mit Sicherheit irgendeine Ordnung, und das ist noch die beste Perspektive, die man sich vorstellen kann.

Das wird doch keine Ordnung sein, die Ihnen gefällt?

Die Möglichkeit, daß sich die Revolution nicht in die Richtung von freien, demokratischen und liberalen Rechtsordnungen entwickeln würde, habe ich von Anfang an, aber spätestens seit 1988, deutlich gesehen. Das ist ja auch der Grund, warum ich mich in dieser Region so engagiert habe. Die letzten Wahlen in Rußland haben meine schlimmsten Befürchtungen bestätigt.

In welcher Weise?

Das sowjetische System war eine auf Dogmen aufgebaute universelle, geschlossene Gesellschaft. Das System ist zusammengebrochen, das Dogma ist unwiderruflich tot. In einem früheren Stadium des Zusammenbruchs gab es die Chance, daß daraus eine universelle, offene Gesellschaft entstehen könnte, was jedoch vorausgesetzt hätte, daß die Freie Welt gewaltige Anstrengungen zur Unterstützung dieses Übergangs unternimmt. Die Hilfe blieb im wesentlichen aus, und die geschlossene Gesellschaft zerbrach in ihre territorialen Komponenten. Nun ordnen sich die meisten neuentstandenen Einheiten wieder zu geschlossenen Gesellschaften oder fallen weiter auseinander. Die neuen geschlossenen Gesellschaften konstituieren sich entlang des nationalen beziehungsweise ethnischen Prinzips, und damit dieses System mit Leben gefüllt werden kann, braucht man einen Feind. Und in der postkommunistischen Welt muß man leider nirgendwo sehr weit gehen, um einen Feind zu finden, da die Kommunisten nationale Bestrebungen generell vernachlässigten oder unterdrückten.

Milosevic führte uns das neue Vorgehen vor: Als Führer der Kommunistischen Partei in Serbien wechselte er die Pferde, nachdem er festgestellt hatte, daß nunmehr der Nationalismus ein viel lebhafteres Tier ist als der Kommunismus. Milosevic alleingenommen ist kein Sicherheitsproblem für Europa oder für den Rest der Welt, aber das Prinzip der nationalen Diktatur sehr wohl. Die politischen Führer Europas haben das nicht verstanden, sie hatten überhaupt kein Gefühl für die drohende Gefahr. Nun werden sie durch das Aufkommen von Schirinowski in Rußland zur Erkenntnis gezwungen. Schirinowski ist kein Einzelfall und auch kein Zufall.

Auch wenn er verschwinden sollte, jede weitere Wahl in Rußland wird Personen seiner Art hervorbringen, und wenn es so weitergeht, werden es immer radikalere Figuren sein.

Was Rußland betrifft, sind Sie sehr pessimistisch. Mich überrascht deshalb der Optimismus, den Sie im Zusammenhang mit den mitteleuropäischen Ländern geäußert haben. Ihre Aussichten sind sicherlich besser als die der ehemaligen Sowjetunion, daß sie aber unumkehrbar auf dem Weg zu einer Marktwirtschaft und einer freien Gesellschaft wären, scheint mir keineswegs sicher.

Die Errichtung eines neuen Systems nimmt immer viel Zeit in Anspruch. Wenn Sie aber nach Elementen der alten und der neuen Wirtschaft Ausschau halten, so werden Sie feststellen, daß die Elemente der neuen Wirtschaft sehr schnell wachsen. Solange die Bereiche der Neuen noch klein sind, haben sie wenig Einfluß auf das Ganze. Wenn aber das Neue wächst und das Alte schrumpft, wird irgendwann das Neue mehr Gewicht haben als das Alte. Im Falle Polens entwickelt sich das Neue schon schneller, als das Alte zerfällt, und die polnische Wirtschaft als Ganzes wächst. Im Falle Ungarns wäre das auch der Fall gewesen, wären nicht die Exporte nach Deutschland wegen der Rezession dort stark reduziert worden. Selbst unter diesen Umständen sind gewisse Zeichen von Wachstum erkennbar. Allerdings ist das Wirtschaftswachstum kein besonders guter Maßstab für die Veränderungsprozesse. Wenn ineffektive, verlustreiche Produktionen wachsen, so ist das nicht dasselbe, wie wenn effektive, profitable Produktionen wachsen. Es kann auch Produktionsrückgang geben, der sehr gesund ist. Auch die Beschäftigung ist kein guter Maßstab. Die alten Schwerindustrien beschäftigten eine Menge Leute, und die Tatsache, daß diese Menschen jetzt nicht mehr beschäftigt sind, führt zu schwerwiegenden sozialen Problemen. Trotzdem ist es ein gesunder Prozeß. Es ist ein sehr schmerzhafter Prozeß, doch ich kann das Wachstum des Neuen ganz eindeutig sehen. Es ist noch sehr viel von der alten Ökonomie da, was noch schrumpft und immer noch Verluste produziert und eine sehr schwere Belastung für die Wirtschaft ist. Auch gibt es große Haushaltsdefizite, hohe Inflationsraten. In der früheren Sowjetunion dagegen ist das Neue kaum auszumachen. Das ist der entscheidende Unterschied.

Werden die Länder die Zeit haben, die das neue Wachstum braucht?

Sie haben keine Wahl. Es besteht natürlich die Gefahr, daß die sozialen Probleme, die durch den Übergang entstehen, zu politischen Entwicklungen führen, die wiederum den Prozeß der Veränderung stoppen. Die Gefahren sind mehr politischer als wirtschaftlicher Natur: Die sozialen Probleme können das Erstarken der sozialen oder nationalen Demagogie bewirken, den Ruf nach einer starken Hand laut werden lassen. Ich sage nicht, daß es keine Gefahren gibt, und der Prozeß kann auch in Mittel-Osteuropa durchaus scheitern. Trotzdem möchte ich nicht den Fehler machen, das Positive zu übersehen. Ich empfinde zum Beispiel die geistig-moralische Entwicklung in Polen als sehr vielversprechend. Die intellektuelle Entwicklung, die die Menschen durchgemacht haben, beeindruckt mich sehr. Sie fangen an, optimistischer zu werden und daran zu glauben, daß sie es schaffen werden. Polen ist für mich das Land, das die größten Fortschritte gemacht hat und insgesamt im besten Zustand ist.

Sind Sie trotz der letzten Wahl, bei der vor allem Nachfolgeorganisationen der Kommunistischen Partei und ihrer Verbündeten Erfolge verbuchen konnten, dieser Ansicht? Es sah ganz so aus, als sehnten sich die Menschen, nachdem die Wirtschaftsreformen das Leben der meisten schwieriger gemacht haben, nach den Sicherheiten zurück, die sie unter den Kommunisten hatten.

Die Wahlergebnisse stören mich nicht sonderlich. Die Sozialisten sind pragmatische Leute, und mit der Rückkehr zum alten System haben sie nichts im Sinn. Sie wissen selbst am besten, daß es nicht funktioniert hat. Ihr Neuantritt in die politische Arena erweitert die demokratische Basis.

Wenn wir die drei einigermaßen entwickelten Länder des ehemaligen sowjetischen Blocks betrachten, scheint doch die Tschechische Republik am weitesten gekommen zu sein. Mit der Teilung ist sie sogar ihre wirtschaftlichen und politischen Problemzonen auf einen Schlag losgeworden.

Es ist richtig, daß die Tschechische Republik den Wandel mit den geringsten Schmerzen durchgemacht hat. Aber ich finde hier die intellektuelle Vitalität nicht wieder, die mich in Polen so beeindruckt hat. Sowohl die Slowakei als auch Tschechien sind politisch schwach, denn die Tschechoslowakei war bis zum letzten Augenblick, bis zur *Samtenen Revolution*, ein streng geführtes sozialistisches Land, und aus diesem Grund war es auf die Wende so gut wie nicht vorbereitet. Die Tschechoslowakei profitierte hauptsächlich von dem Systemzusammenbruch, den andere Kräfte in anderen Ländern herbeigeführt haben. Es gab nur wenig, was im Land selbst dafür getan wurde. Es war vielleicht die schönste Revolution von allen: Eine Unterdrückungsinstitution, die fünfhunderttausend Menschen beschäftigte, gab auf einmal eine Bankrotterklärung ab und war bereit, die Macht an jeden überzugeben, der sie nur haben wollte. So war dies der schmerzloseste Übergang. Aus den erwähnten Gründen jedoch war die Personengruppe, der die Macht in die Hand gelegt wurde, sehr schwach und unvorbereitet: Sie bestand im wesentlichen aus einer Handvoll Dichter und Philosophen, aus Intellektuellen, denen praktische Angelegenheiten mehr als fremd waren. Die intellektuellen, menschlichen Reserven in der Gesellschaft sind sehr schwach, und das gilt für die Slowakei noch viel mehr als für die Tschechische Republik. So hat sich die Gesellschaft nicht wirklich von der Vergangenheit gelöst, sie schleppt die Vergangenheit mit sich, die sie weder akzeptieren noch verwerfen kann. Es ist die unverdaute Vergangenheit, die bis zum heutigen Tag die Atmosphäre in beiden Ländern vergiftet.

Sie sagten, sie hätten Ihre erste Stiftung in Ungarn aufgebaut, weil zu der Zeit Ungarn das liberalste Land im Ostblock war. Wieso konnte das Land diese führende Position – auf die heute noch so viele Politiker pochen – nicht behalten?

Ungarn war anfangs tatsächlich die führende Kraft der Veränderungen, das Tempo hat aber inzwischen nachgelassen. Ungarn konnte zunächst auch die meisten ausländischen Investitionen anziehen, doch die Fortschritte der Transformation fielen geringer aus, als man hätte erwarten können, in erster Linie deshalb, weil das Land keine gute politische Führung hat. Die Regierung ist sehr schwach, die letzte nicht frei gewählte Regierung, die Németh-Regierung, arbeitete viel effektiver als die erste frei gewählte. Aber unabhängig von ihr zeigt die Ökonomie viel Vitalität und Unternehmungswillen. Die Gefahren, die Ungarn drohen, sind weit mehr politischer als ökonomischer Natur.

Aber ich möchte nochmal betonen: Was die menschlichen Reserven betrifft, sind Polen und Ungarn in einer sehr guten Lage. Es sind Gesellschaften, die lange gegen das kommunistische

Regime gekämpft haben, und jeder auf seine Weise ist mitverantwortlich für den Zusammenbruch des Systems insgesamt.

Wird Rumänien der nächste Krisenherd in Osteuropa werden?

Rumänien ist ein verwüstetes Land, das weder die Institutionen noch die gesellschaftlichen Voraussetzungen für eine offene Gesellschaft besitzt. Es hat selbst nach Ceauşescus Tod bis zum heutigen Tag ein kryptokommunistisches Regime behalten. Aber auch das hat seine positiven Seiten.

Positive?

Ja, ich glaube, daß das sehr gut ist. Denn hätten die Demokraten, die jetzige Opposition, die Macht übernommen, sie hätten das Land nicht führen können, oder wenn, dann hätten sie es in das Chaos geführt. Es ist schon schlimm genug, so wie es ist, aber die Gesellschaft bekommt dadurch etwas Zeit, um die Institutionen und andere Bedingungen der offenen Gesellschaft herauszubilden und die Änderung der Mentalität herbeizuführen. Es wird ein sehr langsamer und unsicherer Prozeß werden, doch alles zusammengenommen, glaube ich, daß es in eine positive Richtung geht.

Sie meinen, wenn die demokratischen Parteien in Rumänien die Wahlen gewonnen hätten, wäre es zu einem Desaster gekommen?

Ja, zu einem vielleicht noch größeren Desaster als jetzt. Die Demokraten und die Demokratie selbst wären in Mißkredit geraten. Jetzt, wo sie in der Opposition sind, können sie langsam lernen, wie Politik funktioniert, und sie haben gute Chancen, reifer zu werden, wie sie es auch schon geworden sind. Sie haben einige lokale Wahlen gewonnen, in Temesvár (Temeschburg) zum Beispiel, in einer verhältnismäßig liberalen Gegend Rumäniens. Rumänien braucht eine Menge Zeit. Das gegenwärtige Regime konnte die Entwicklung des politischen und wirtschaftlichen Lebens nicht wirklich anhalten. Es hat kein Programm, das aktiv zu einer Art Übergang führen würde, aber wegen seiner Abhängigkeit von Europa und des dringenden Verlangens, von Europa akzeptiert zu werden, ist es keine unterdrückerische diktatorische Regierung.

Timothy Garton Ash sprach einmal davon, daß es nur ein kleines »Fenster der Gelegenheit« für die Völker Osteuropas gebe, um zur Demokratie zu gelangen, und dieses ohnehin schon kleine Fenster würde nur für eine kurze Zeit offenstehen. Teilen Sie diese Meinung?

Es gab eine Revolution 1989. In revolutionären Zeiten wird das Tempo der Ereignisse schneller, es ist wie der Prozeß der Entstehung des Universums: In den ersten drei Minuten geschieht fast alles, was das Muster der späteren Ereignisse prägen wird. Europa machte damals einen halbherzigen Versuch, um diesem Ereignis gerecht zu werden: Das war der Vertrag von Maastricht. Damit wollte man offenbleiben, um bei Gelegenheit diese Länder zu integrieren. Aber was die konkrete Hilfe betrifft, so besteht für mich kein Zweifel, daß der Westen diese Gelegenheit hat ungenutzt vorbeiziehen lassen. Es lag vermutlich an der Unfähigkeit zu verstehen, was dort in Osteuropa und in der Sowjetunion vor sich ging. Man hat ja auch das Wesen der westlichen Gesellschaften nicht verstanden, weil die Menschen nicht gewohnt sind, in Kategorien von offener und geschlossener Gesellschaft zu denken. Sie denken in Kategorien von Großmachtpolitik und nationalen Interessen. Sie hätten statt dessen begreifen müssen, daß in Osteuropa nach dem Zusammenbruch der kommunistischen Diktatur die Wende hin zu offenen Gesellschaften möglich gewesen wäre. Offene Gesellschaften jedoch sind viel entwickeltere und kompliziertere Formen der sozialen Organisation als Diktaturen, und daher muß ihre Entstehung zwangsweise sehr viel Zeit in Anspruch nehmen. Ich bin mir auch sicher, daß sie, nach so vielen Jahren der Diktatur, ohne Hilfe von außen nicht zu verwirklichen ist. Eine solche wirksame Hilfe wurde nicht gewährt.

Was hätte Ihrer Ansicht nach geschehen müssen?

Es hätte ganz anders kommen können. Amerika hatte ja nach dem Zweiten Weltkrieg eine großartige Vision, und die führte zum Marshall-Plan. Es gab aber nichts Vergleichbares nach dem Zusammenbruch des Sowjetsystems. Wie Sie wissen, habe ich die Frage, nämlich die Notwendigkeit eines neuen Marshall-Planes, der von Europa finanziert werden sollte, 1988 auf einer Ost-West-Sicherheitskonferenz in Potsdam angesprochen. Meine Vorschläge wurden mit großer »Heiterkeit« aufgenommen, wie die Frankfurter Allgemeine Zeitung berichtete. Die Dinge wären anders gelaufen, wenn man dort meinem Vorschlag weniger heiter, aber mit mehr Ernst begegnet wäre. Denn damals liefen noch die ersten drei Minuten, die über so vieles entschieden haben.

Könnte man nicht heute noch wenigstens das Schuldenproblem derjenigen Länder lösen, die schwer unter diesem Problem leiden? Die Hilfe, die Polen bekam, hat eine schwere – auch psychologische – Last von den Menschen dort genommen, und vielleicht ist die intellektuelle Aufbruchsstimmung, von der Sie berichteten, mit dieser Tatsache zu verdanken.

Sie meinen sicherlich Ungarn. Gegenwärtig ist es nicht möglich, dieses Problem auch nur anzufassen. Heute über Umschuldung (die Umwandlung von teuren kurzfristigen Krediten in billigere langfristige) oder ähnliches zu sprechen, wäre nur noch destruktiv. Damals, als die Wende stattfand, in eben jenen kritischen drei Minuten, gab es die Möglichkeit. Ich selbst habe für Ungarn einen diskreten Vorschlag in diese Richtung gemacht. In einer Periode von Revolution und Diskontinuität, wenn gerade der Wechsel von einer illegitimen Regierung zu einer legitimen stattfindet, kann man solche Vorschläge diskutieren. Damals hätte man einen Schlußstrich ziehen können unter die Schulden, die die illegitimen Regierungen aufgehäuft hatten. Man hätte gut unterscheiden können zwischen den Schulden, die die illegitime Regierung gemacht hat, und anderen. Heute gibt es diese Möglichkeit nicht mehr.

Ich hatte damals diesen Vorschlag den Führern der wichtigsten politischen Parteien in Ungarn unterbreitet, insbesondere dem kürzlich verstorbenen Ministerpräsidenten József Antall vom Ungarischen Demokratischen Forum und Márton Tardos von dem Verband der Freien Demokraten. Wir haben darüber diskutiert. Ich schlug vor, daß man das ganz ruhig und still vorbereitet, und wenn die neue Regierung nach den ersten freien Wahlen in ihr Amt eingesetzt wird, dann könnte sie eine Erklärung abgeben, in der sie diesen Schlußstrich zieht, wobei hätte gesagt werden müssen, daß man zwar die alten Schulden nicht vergißt, aber die Hauptanstrengungen würden der Begleichung der neuen Schulden gelten. Das wäre der einzige Augenblick gewesen, in dem man das hätte tun können.

Warum ist die ungarische Regierung damals auf diesen Vorschlag nicht eingegangen?

József Antall hat den Vorschlag torpediert, indem er mit Journalisten darüber sprach. Die Nachricht wurde dann in der *Financial Times* veröffentlicht, und damit war die Möglichkeit einer solchen Lösung vernichtet.

War Antall unerfahren, oder wollte er den Schuldenerlaß bewußt torpedieren?

Antall war ein Mann der Kontinuität, er hatte nichts von einem Revolutionär, daher war er gar nicht der Auffassung, daß nun etwas zu Ende gehen und etwas Neues anfangen würde. Er stand und seine Partei steht weiterhin der deutschen Regierung, der CDU/CSU sehr nahe. Da die Deutschen unter den großen Kreditgebern Ungarns sind, konnte oder wollte er seine Unterstützer nicht in dieser Weise behandeln. Es kann entweder ein direkter Wunsch der Deutschen oder aber eine innere Verpflichtung Antalls den Deutschen gegenüber gewesen sein. Außerdem wollte er nicht, daß ein Schritt, der von der Bevölkerung sehr positiv aufgenommen worden wäre, als Leistung einer gegnerischen Partei, der Freien Demokraten, angesehen würde. Nachdem die Öffentlichkeit informiert wurde, habe ich mit den Gesprächen über dieses Thema aufgehört. Allein schon das Sprechen über Schuldenerlaß kann eine Krise heraufbeschwören, denn das Land bekommt dann keine neuen Kredite mehr oder nur zu sehr schlechten Bedingungen, und die Währung kann ruiniert werden. Schuldenerlaß muß ein *fait accompli* sein, oder er kann gar nicht funktionieren.

Nach dem Zeitpunkt war in der Schuldenfrage nichts mehr zu machen. Die neuen und alten Schulden haben sich vermischt, man kann sie voneinander nicht trennen. Zum jetzigen Zeitpunkt würde jede Verhandlung zerstörerisch wirken, sowohl auf den Handel als auch auf die Investitionen, sogar auf die Außenpolitik. Das wäre politischer Vandalismus, den nur eine Regierung begehen könnte, die das Land ruinieren will.

Was also könnte der Westen gegenwärtig tun, um diese Länder zu unterstützen?

Er könnte schon einiges tun, es ist jedoch sehr schwierig geworden, viel schwieriger als am Anfang. Aber Sie müssen sehen, daß tatsächlich sehr viel passiert. Es geschieht in einer ruhigen Art und Weise in vielen Bereichen. Nur ist die Hilfe, die kommt, nicht ausreichend und nicht stark genug. Und sie ist nicht weitgestreut, pluralistisch genug, damit meine ich, daß sie nicht genügend auf verschiedene Bereiche verteilt wurde. Dieses ganze Gebiet der Hilfeleistungen ist sehr verzwickt. Die Hilfe wird in der Regel von Bürokratien gewährt und hat alle negativen Aspekte, die mit einer Bürokratie verbunden sind. Egal ob staatliche oder private Spender, das Hauptproblem in beiden Fällen ist, daß die Spender bestimmen, was mit dem Geld geschehen soll: wem, wieviel und unter welchen Bedingungen gegeben werden soll. Es ist natürlich ihr gutes Recht, so zu handeln, schließlich ist es ihr Geld. Aber das Ergebnis ist, daß diese Organisationen die letzten Refugien der Kommandowirtschaft sind. Was sie tun, ist nicht bestimmt durch die Nachfrage, sondern durch den Lieferanten. Das ist ein Fehler, den jede Hilfe hat. Der Marshall-Plan war eine Ausnahme, weil ihm eine sehr weitgefaßte Konzeption zugrunde lag und es im wesentlichen von den Empfängerländern abhing, was sie damit machen. Eine ähnliche Konzeption hätte man auch jetzt gebraucht.

In der ersten revolutionären Phase hätte der Westen bedeutende Hilfe versprechen müssen, er tat es nicht. In der zweiten Phase hat er die Hilfe versprochen, lieferte sie jedoch nicht, und in der dritten Phase, die jetzt stattfindet, wird die Hilfe schon geliefert, aber sie funktioniert nicht. Zum Teil, weil es zu spät ist, zum Teil, weil sie schlecht organisiert ist. Ich bin ja selbst bei der Hilfeleistung aktiv und weiß, wovon ich spreche. Ich habe mehr Hilfe geleistet als so manches Land, insbesondere in der ehemaligen Sowjetunion. Ich sehe selbst, daß manche Dinge funktionieren und manche nicht. Manchmal kann man mit nur wenig Geld sehr effektive Dinge tun, und manchmal kann man sehr viel Geld ausgeben, ohne daß es den geringsten Nutzen hätte.

Meine Stiftungen haben ein Konzept entwickelt, mit dem man arbeiten kann. Man muß einen Partner finden, dem man vertrauen kann, und man muß im Interesse der Empfänger und nicht im Interesse der Spender tätig sein. Und man braucht ein einheitliches Kommando, eine

Einsatztruppe, in der beide Partner vertreten sind und die Autorität und Durchsetzungskraft besitzt.

Glauben Sie immer noch, daß es in der gegenwärtigen Lage möglich wäre, zumindest die drei mitteleuropäischen Länder Polen, Ungarn und Tschechien in die Europäische Union zu integrieren, zu einem Zeitpunkt also, in dem die Europäische Union nicht einmal mehr ihre alteingesessenen Mitglieder integrieren kann?

In erster Linie muß es einen wirtschaftlichen Aufschwung in Westeuropa geben. Das Wichtigste ist, die Märkte den Osteuropäern gegenüber zu öffnen. Ungarn zum Beispiel hat eine verhältnismäßig wirksam arbeitende Landwirtschaft. Für alle osteuropäischen Länder gilt: Sie brauchen dringend einen Markt für ihre landwirtschaftlichen Produkte. Gerade dagegen gibt es im Westen einen sehr großen Widerstand. Technische Hilfe bringt sehr viele Probleme mit sich und ist wenig effektiv. Die Öffnung der Märkte dagegen würde neue Wirtschaftspotentiale schaffen und wäre die effektivste Art und Weise, diese Wirtschaften zu integrieren. In der Zeit der Rezession ist jedoch die Öffnung der Märkte nicht durchzusetzen, während es in der Zeit des Aufschwungs möglich gewesen wäre.

Sind es mehr als quantitative Unterschiede, die die ehemalige Sowjetunion von den restlichen Osteuropäern trennen?

Es geht um etwas viel Wichtigeres. In den Nachfolgestaaten der Sowjetunion, in Rußland, ist noch kein neues System in Entstehen begriffen, während in Mitteleuropa in manchen Ländern, wie in Ungarn beispielsweise, die Geburt des neuen Systems sogar dem Zusammenbruch des alten vorauseilte. Deswegen kann man in diesen Ländern von einem Übergang sprechen, im Falle der Sowjetunion kann man nur von Desintegration sprechen, zumal man gar nicht weiß: wenn Übergang, Übergang zu was?

Sie haben im Zusammenhang mit der Sowjetunion sehr oft davon gesprochen, daß diese Desintegration schnell aufgehalten oder zumindest gebremst werden müsse. Warum ist das so dringend?

Ich hatte immer schon die Vorstellung, daß westliche Hilfe die Hauptaufgabe gehabt hätte, den Zerfall der ehemaligen Sowjetunion aufzuhalten oder abzubremsen. Natürlich hätte das auch den revolutionären Prozeß etwas verlangsamt. Trotzdem wäre es richtig gewesen, Unterstützung zu gewähren, denn Revolutionen sind immer zerstörerisch, sie sind von Natur aus nicht konstruktiv. Etwas zu schaffen braucht seine Zeit, denn es bedeutet Wachstum, organisches Wachstum. Für die ehemalige Sowjetunion hätte man Zeit gewinnen müssen.

Gewiß, es ist heute nicht sehr populär, was ich jetzt sagen werde: Es wäre viel besser gewesen, wenn die Sowjetunion nicht zerfallen wäre. Ebenso, wie es viel besser gewesen wäre, wenn

Jugoslawien nicht zerfallen wäre. Das hätte den Übergang von einem totalitären in ein freies, demokratisches System einfacher gemacht. Ich weiß natürlich jetzt im nachhinein, daß es sich dabei um eine reichlich utopische Vorstellung handelt, aber hätte Gorbatschow gewisse Fortschritte im Ergebnis seiner Politik aufweisen können, gewisse materielle Verbesserungen beispielsweise, Dinge, die besser funktioniert hätten, dann wäre er länger populär geblieben, und der Zerfall wäre nicht so schnell eingetreten. Die Forderungen nach Autonomie hätte es immer noch gegeben, und eine unabhängige Ukraine hätte es auch gegeben, aber das alles wäre nicht innerhalb eines Jahres, sondern vielleicht innerhalb von zehn Jahren passiert. Die Ukraine wäre dann gewiß ein stabileres und lebensfähigeres Land, als es heute ist. Ein Kind braucht neun Monate, um lebensfähig zur Welt zu kommen. Die neuen Länder, die aus der Sowjetunion hervorgegangen sind, hatten nicht genug Entwicklungszeit zur Verfügung, sie sind alle Frühgeburten, und bei manchen muß man sich fragen, ob sie überhaupt lebensfähig sind. Ich hätte mir eine langsamere Entwicklung gewünscht, die dem Zerfall des britischen Empire ähnlich gewesen wäre.

Aber Großbritannien war, obwohl ein imperialistisches koloniales Land, zugleich auch das Mutterland der Demokratie.

Das ist wahr, und gerade darum hätte die Sowjetunion noch viel mehr Zeit gebraucht. Die beste

Konzeption für diesen zugegeben sehr schwierigen Übergang war Schatalins Fünfhundert-Tage-Programm. Die Idee, die ihm zugrunde lag, war, den Republiken Vollmachten zu übertragen. Zugleich sollten Teile dieser Vollmachten einem Koordinationsorgan in die Hände gelegt werden, und das sollte mit der Entwicklung von neuen Formen der Zusammenarbeit beauftragt werden. Dieses neue Organ, der Interrepublikanische Rat, hätte sich mit den alten Organen auseinandersetzen müssen. Die alten Organe sind unpopulär, und weil sich das Neue mit den alten unpopulären Organen hätte herumschlagen müssen, wäre es selbst populär geworden. Vielleicht hätte es aus dieser Position heraus eine gewisse Legitimation gewinnen können.

Ich sehe immer noch nicht, wie eine andere Entwicklung hätte herbeigeführt werden können.

Durch Erfolg. Durch die Produktion von westlichen Gütern, die die Leute sehr gerne haben wollten. Konsumgüter, Computer oder auch Tampons. Das hätte in ihnen die Hoffnung wachgehalten.

Das Hauptproblem der Menschen in der ehemaligen Sowjetunion sind nicht westliche Güter, sondern das Alltäglichste, was es gibt: Lebensmittel, warme Kleidung, Schuhe, Kochtöpfe.

Heute ist es tatsächlich so. 1989 gab es zumindest

genug zu essen. Aber hätte es statt einer Käsesorte einige verschiedene Sorten, statt einer Wurstsorte einige verschiedene gegeben oder hätte man nur damit angefangen, die Lebensmittel zu verpacken ...

... dann wäre das bestimmt die größte Revolution geworden, die Rußland und die Sowjetunion je erlebt haben.

Es hätte sehr positive Auswirkungen auf die Umwandlung der Gesellschaft gehabt. Es wäre ein erstes Zeichen dafür gewesen, was die neue Ordnung leisten kann. Statt dessen kam nur der Zusammenbruch der alten Ordnung, und alles wurde noch schlimmer.

Hätte nicht allein die gigantische Ausdehnung der ehemaligen Sowjetunion notwendigerweise und trotz Verbesserungen zum Zerbrechen des Reiches führen müssen? Jede Summe, egal wie groß, verschwindet in diesem Reich wie ein Tropfen im Meer.

Zu dieser Zeit, von der ich spreche, hatte die Sowjetunion noch ausgezeichnete Kreditbedingungen, weil sie immer gezahlt hatte. Viele Milliarden Dollar hatten die westlichen Länder der Sowjetunion in den späten achtziger Jahren geliehen. Diese vielen Milliarden Dollar hätte man in ganz anderer Weise verwenden können. Statt sie in das alte System zu stecken, um es am Leben zu erhalten, hätte man sie für die Einführung und Festigung des neuen Systems benutzen können.

Wer hätte aber garantieren können, daß man diese Gelder damals für einen Systemwechsel verwendet hätte?

Diese Gelder sind damals von den meisten Ländern so vergeben worden, daß die Sowjetunion dafür Produkte dieses bestimmten Landes kaufen konnte. Statt dessen hätte man ein Konzept zur Zusammenarbeit mit Gorbatschow haben müssen, um das System zu verändern. Ich hatte dieses Konzept und versuchte, dafür etwas zu tun. 1988 organisierte ich die Arbeitsgruppe, die über die Errichtung eines offenen Sektors in der sowjetischen Wirtschaft nachdachte. Ich stellte mir einen offenen Sektor allerdings anders als die Sowjets vor. Sie dachten an eine Art Freihandelszone, während ich mir vorgestellt hatte, ein bestimmtes Segment der Wirtschaft aus der zentralen Planung herauszunehmen und marktwirtschaftlich zu führen. Ich stellte mir so etwas wie ein Embryo vor, das im Körper der Mutter wachsen sollte.

Welches Segment hätte das sein können?

Die Landwirtschaft beispielsweise. Es hätte auf jeden Fall sehr nahe an den alltäglichen Bedürfnissen sein müssen wie Landwirtschaft oder Lebensmittelindustrie. Oder es hätte die Bekleidungsindustrie sein können. Das war im Jahre 1988, damals verlangten die Sowjets mit der Kraft der Verzweiflung nach einer solchen Herangehensweise. Sie empfingen mich mit offenen Armen. Wer war ich damals? Ein Niemand, und doch nahmen sie mich mit Begeisterung auf. Zahlreiche westliche Wirtschaftswissenschaftler waren am Projekt interessiert, so daß ich erstklassige Leute engagieren konnte.

Am Ende wurde es freilich nichts, aber allein die Tatsache, daß man damals in diese Richtung gehen konnte, zeigt für mich, daß die Türen offenstanden, man hätte nur durchmarschieren müssen. Wenn es andere Kräfte, nicht so ein Niemand wie ich es war, versucht hätten, wären die Ergebnisse auch nicht ausgeblieben.

War das der einzige Grund für das Scheitern Ihrer Vorstellungen, daß Sie, wie Sie sagen, ein Niemand waren?

Man hätte eine Menge tun müssen, um Erfolg zu haben, und hätten sich die westlichen Regierungen zu dieser Zeit engagiert, wäre einiges geschehen. Die Kredite hätten in diesen festgelegten Sektor fließen und gewissen Gesetzen entsprechend genutzt werden müssen. Es hätte auch kontrolliert werden müssen, wie sie verwendet werden. Eine neuartige Planungsorganisation wäre vonnöten gewesen, die die zentrale Planung abgelöst hätte, wie in Korea die *Corea Development Cooperation* zum Beispiel. Westliche, marktorientierte Modelle der Entwicklung hätten genutzt werden müssen, wie in Japan und Korea.

Sobald wir mit der Arbeit begonnen haben, wurde es offenkundig, daß es schon zu spät war. Wir wollten einen Embryo zur Geburt bringen, aber die Mutter war schon sehr krank, todkrank. Nichtsdestotrotz war es ein sehr gutes Konzept. Selbst wenn die schlechteste aller Möglichkeiten eingetreten wäre und eine Menge Geld und Investitionen verlorengegangen wären, selbst dann hätte sowohl die wirtschaftliche als auch die politische Entwicklung der Sowjetunion möglicherweise eine andere Richtung genommen. Natürlich standen nur Mißerfolge zur Disposition, denn in der Sowjetunion konnte damals schon nichts mehr wirklich gelingen, und trotzdem wäre es notwendig gewesen, zumindest den Versuch zu wagen.

Sie machen trotz der offenkundigen Erfolglosigkeit weiter?

Gegenwärtig versuche ich, in dem kleinen Maßstab weiterzumachen, der meinen Möglichkeiten entspricht, obwohl ich dessen bewußt bin, daß das meiste von dem, was ich tue, umsonst ist. Bei einem Regimewechsel kann alles weggefegt werden, aber vielleicht bleibt trotzdem etwas übrig, worauf man eine bessere Welt wiederaufbauen kann. Manchmal ist es wichtig, für eine verlorene Sache zu kämpfen. Die Sache der offenen Gesellschaft ist in den Nachfolgestaaten der Sowjetunion sicherliche ein verlorene Sache.

Nach meinem ersten gescheiterten Versuch in der Sowjetunion war ich davon überzeugt, daß die wichtigste Hilfe, die der Westen der Sowjetunion leisten könnte, die Hilfe bei der Schaffung eines stabilen monetären Systems wäre. Dafür hätte man den Hintergrund in harten Devisen sicherstellen und eine scharfe Kontrolle über die Ausgabe von Geld ausüben müssen. Man hätte natürlich keine Milliarden von Dollar an die Russische Zentralbank geben dürfen, die eine vollkommen verrottete Organisation ist. Ich hätte eine neue Behörde aufgestellt, eine internationale Behörde, an der die Russen hätten teilnehmen, die sie aber nicht hätten kontrollieren können. Die hätte die neue Währung einführen müssen. Ich bin sicher, daß Gorbatschow, und zu gewissen Zeiten auch Jelzin, eine solche Lösung akzeptiert hätten. Es wäre gewiß unvollkommen gewesen, aber immer noch besser als alles andere, was wir heute haben.

Der Internationale Währungsfonds ist eine der meistattackierten internationalen Organisationen in Rußland und allen anderen Nachfolgestaaten. Er ist die Zielscheibe der Nationalisten aller Länder. Eine Institution, wie Sie es sich vorstellen, wäre es noch mehr, da sie Rußland tatsächlich einen Teil seiner Souveränität nehmen würde. Denken Sie nur an die antiwestlichen Parolen Schirinowskis.

Sie hätte in der Tat die russische Souveränität beschnitten, und sie hätte gewiß heftigsten Widerspruch hervorgerufen. Gewiß wäre sie auch nicht besonders langlebig gewesen, aber sie hätte den Übergang eingeleitet.

Heute würde niemand wagen, einen solchen Vorschlag in Rußland zu unterbreiten.

Heute bestimmt nicht. Aber vor vier Jahren wäre es noch möglich gewesen und unmittelbar nach dem Oktober-Putsch auch. Im Westen jedoch gab es keine Visionen und keine Persönlichkeiten, die Führungsqualitäten gezeigt hätten. Die einzige Person, die zur Durchführung eines solchen Programms imstande gewesen wäre, war Margaret Thatcher. Sie hatte die Autorität und einen guten Draht zu Gorbatschow. Hätte es einen »Thatcher-Plan« für die Sowjetunion gegeben, hätte es auch einen geordneten Übergang zur Marktwirtschaft gegeben. Frau Thatcher hätte einiges durchsetzen können, ihr fehlte jedoch die Vision. Verzweifelt habe ich versucht, ein Treffen mit ihr zu arrangieren, ich wollte mit ihr über diese Frage reden, diskutieren und ihre Unterstützung gewinnen. Ich kam aber nur bis zu ihren Beratern, denen ich meine Memoranden überreichen durfte. Manche erreichten sie sogar, aber man hatte mir nie erlaubt, mit ihr zu sprechen. Nachdem sie gestürzt wurde, haben wir uns innerhalb weniger Wochen getroffen. Es war die Ironie des Schicksals: Ich wollte sie so sehr treffen, weil ich das Gefühl hatte, daß sie die Person sein könnte, die den Gang der Geschichte ändern könnte, und getroffen habe ich sie schließlich, als sie nichts mehr ändern konnte.

Wie kann man gegenwärtig der Sowjetunion helfen?

Die prowestlichen Kräfte haben völlig den Boden unter den Füßen verloren, es gibt sie kaum noch. Die gegenwärtige Regierung versucht, das alte Wirtschaftssystem wiederherzustellen. Die Wirtschaft ist wie eine Krake, der man den Kopf abgeschnitten hat. Man kann zur Planwirtschaft nicht mehr zurückkehren, die von Ministerien gelenkt wurde, denn die Ministerien sind vollständig zerschlagen worden. Aber die Unternehmen, die Teil der Ministerien waren, sind erhalten geblieben, und jetzt sind es die Leiter der großen Unternehmungen, die das Land regieren – zu ihren eigenen Gunsten. Deshalb verglich ich die russische Wirtschaft mit einer Krake, die Füße versuchen nun, sich selbständig zu bewegen. Aber dieser Versuch wird scheitern.

Warum? Wie die Wahlergebnisse zeigen, glauben viele Russen an den Erfolg dieses Versuchs.

Diejenigen, die an diesem Wiederbelebungsversuch beteiligt sind, wissen sehr wohl, daß sie zum Scheitern verurteilt sind. Aber sie sind entschlossen, die Lage für ihren eigenen Profit zu nutzen, solange es nur geht. Jeden Tag, den dieses System fortexistiert, wird nur ihr Bankkonto auf Zypern größer.

Wahrscheinlich wird die Entwicklung nach rechts weitergehen, und der Nationalismus wird immer stärker werden. Diese Tendenz hin zum

Nationalismus kann vielleicht aufgehalten werden durch den wirtschaftlichen Zusammenbruch.

Sollten wir also nicht die Genesung, sondern den wirtschaftlichen Zusammenbruch Rußlands wünschen?

Genau. Eben das ist in der Ukraine passiert. Krawtschuk hatte dort nach besten Kräften versucht, eine nationalistische Diktatur zu etablieren. Dafür hatte er auch nur jede denkbare Hilfe erhalten: Sowohl der alte Apparat als auch die neue nationalistische Bewegung unterstützten ihn. Er fing auch den Kampf um die Schwarzmeerflotte an, aber er verlor an Macht und Einfluß, weil die Wirtschaft zusammenbrach.

Ist die russische Wirtschaft nicht auch schon längst zusammengebrochen? Was könnte dort noch passieren?

Sie haben noch das Öl, das Kommunikations- und Transportsystem ist auch noch nicht vollständig zusammengebrochen. Der wirtschaftliche Zerfall hat die Armee noch nicht destabilisiert. Unter diesen Bedingungen wäre es meiner Ansicht nach nicht richtig, großangelegte makroökonomische Hilfe zu leisten.

Der Westen sollte tatenlos dem Zusammenbruch zusehen?

Je schneller die Menschen erkennen, daß das gegenwärtige Regime unhaltbar ist, um so besser wird es sein. Und das sollte so schnell wie möglich geschehen, noch bevor die Wirtschaft vollständig ruiniert ist, damit man um so schneller zu einem Reformkurs zurückkehren kann. Dann sollte die internationale Hilfe einsetzen.

Diese Philosophie des »Je schlimmer, um so besser« ist inhuman und zynisch.

Gegenwärtig wäre es völlig falsch, wirtschaftliche Hilfe zu leisten, um dieses System aufrechtzuerhalten. Das bedeutet nicht, daß wir auch aufhören sollten, beim Aufbau der Institutionen einer offenen Gesellschaft Hilfe zu leisten. Ich setze mein Programm auch fort. Die sogenannte technische Hilfe sollte fortgeführt werden. Aber die makroökonomische Hilfe, die von IWF und Weltbank kommt, sollte an die Bedingung der Reformen gebunden werden.

In Ihrem Buch »Underwriting Democracy« schreiben Sie, die Sowjetunion könnte am Ende zu einem Schwarzen Loch werden, das die ganze europäische Zivilisation verschlingen könnte. Das hört sich an wie ein Slogan von Ronald Reagan. Ist Ihr Pessimismus trotz allem, was bisher geschehen ist, nicht übertrieben?

Es ist nicht sicher, daß es geschehen wird, aber es ist sehr gut möglich. Es ist immer einfacher, die

Loslösung einer Lawine zu verhindern, als sie aufzuhalten, wenn sie schon den halben Berg heruntergedonnert ist. Wir sind jetzt bei der Hälfte des Berges. Inzwischen staune ich darüber, wie langsam die Desintegration tatsächlich stattfindet. Sie ist auf jeden Fall viel langsamer, als ich es erwartet habe, und das ist sicherlich der Trägheit im Denken der Menschen zuzuschreiben. Die Menschen lernen es nicht sehr schnell, wie sie ihr Verhalten der veränderten Lage anpassen können. Das ist es, was den Prozeß der Auflösung bremst, sonst wäre er extrem schnell gewesen. Wenn sich das gleiche wie in der Sowjetunion in Ungarn abspielen würde, ginge es viel schneller.

Könnte es in Osteuropa Entwicklungen geben, die dazu führen, daß Sie Ihre Stiftungen aus bestimmten Ländern zurückziehen?

Ja, ich sehe in manchen Ländern schon das Ende kommen. Die Frau, die die Stiftung im ehemaligen Jugoslawien führt, Sonja Licht, könnte jeden Tag zum Opfer ihrer Arbeit werden. Heute ist es in Belgrad eine sehr gefährliche Aufgabe, eine von mir geförderte Stiftung zu leiten.

Die Zukunft kann man nicht vorhersagen, so auch den Erfolg nicht. Gewisse Dinge sollte man tun, auch wenn man nicht weiß, ob sie am Ende etwas bringen werden. Das ist meine Überzeugung und eine der wichtigsten Überzeugungen, die für das Überleben einer offenen Gesellschaft notwendig sind. In den westlichen Gesellschaften, in Amerika auch, wollen die Menschen hauptsächlich Dinge tun, von denen sie wissen, daß sie gelingen werden. Sie bewundern und schätzen den Erfolg. Ich glaube, daß sie den Erfolg überbewerten, es gibt wichtigere Dinge im Leben. Das ist es gerade, was die Revolution in Osteuropa die westliche Welt hätte lehren sollen: daß es Ziele und Ideale gibt, die über das enge Eigeninteresse hinausgehen.

Aber Sie selbst sagten, daß der Erfolg auf den Finanzmärkten die Bedingung für Ihre Tätigkeit in Osteuropa war. Sie sagten auch, daß die Erfolglosigkeit Sie zutiefst persönlich verletzt.

Selbstverständlich.

Also kritisieren Sie sich selbst?

Ich kann es mir tatsächlich leisten, mich an Aktivitäten zu beteiligen, die nicht erfolgreich sind. Ich kann es mir leisten, Anliegen zu unterstützen, die zum Scheitern verurteilt sind, weil ich auf dem Gebiet der Finanzen erfolgreich bin. Ich glaube nicht, daß ich es tun würde, wenn ich geschäftlich nicht erfolgreich wäre. Sehen Sie, ich bin anders als die Sonja Lichts dieser Welt. Ich befinde mich auf einer niedrigen moralischen Stufe, auch wenn mein Scheckbuch dicker ist. Für mich ist es eine Art Luxus, daß ich etwas für die Gesellschaft und für mich selbst tue. Ich bin ein Egoist, ein selbstbezogener Mensch, ich trachte nach meinem eigenen Vorteil. Und wenn ich über etwas Überschuß verfüge, dann verteile ich es an die Gesellschaft. Die Menschen vor Ort, in Sarajewo beispielsweise, die geben alles, was sie haben. Eine Zeitlang litt ich viel für den geschäftlichen Erfolg, heute leide ich nicht mehr, ich überlasse das meinen Partnern. Ich hatte jedoch immer das Gefühl, daß sich all diese Leiden nicht wirklich gelohnt haben, solange man nicht auch noch ein anderes Ziel vor Augen hatte, als reich zu werden.

Reich zu sein befriedigt Sie nicht?

Doch, natürlich! Es ist wunderbar, reich zu sein! Und ich will gar nicht so tun, als würde ich meinen ganzen Reichtum den osteuropäischen Stiftungen widmen. Das tue ich ganz und gar nicht. Ich bin kein heldenhafter Charakter. Mein wichtigstes Ziel war immer, selbst zu überleben.

Die Zukunft der USA und der offenen Gesellschaft

Sie erwähnten vorhin einige Gründe, warum es Ihnen lieber wäre, Amerika bliebe die »führende Macht der Freien Welt«, wie Sie sagten. Wenn Amerika es nicht schafft, seine Wirtschaft in Ordnung zu bringen, wird von Führungsrolle, welcher Art auch immer, keine Rede sein können.

Die Vereinigten Staaten sind nicht mehr die führende Wirtschaftsmacht der Welt, sie sind nicht mehr die Hauptnutznießer des internationalen Handelssystems. Sie sind immer noch eine der führenden Wirtschaftsmächte, aber nicht mehr die führende Kraft, und daran wird sich in absehbarer Zeit nichts ändern. Der jetzige Zustand ist das Ergebnis der Entwicklung der letzten zwanzig Jahre, und daran kann kurzfristig nicht viel geändert werden.

Die größte Wirtschaftsmacht der Welt und eine militärische Supermacht zu sein, das waren die wesentlichen Elemente des Bildes, das sich die Amerikaner über viele Jahre von sich selbst machten. Wir sind zwar immer noch die führende Militärmacht, aber wir haben nicht mehr den wirtschaftlichen Hintergrund, der uns berechtigen würde, militärische Macht überall in der Welt zu benutzen, kurzum, die Weltpolizei zu sein.

Während des kalten Krieges existierte eine berechenbare Weltordnung. Keine besonders wünschenswerte, aber doch recht stabile: Es gab zwei Supermächte, von denen beide dazu imstande gewesen wären, den anderen zu vernichten. Deshalb konnte es keiner versuchen, den anderen zu zerstören, da jeder Angriff auf den anderen mit dem eigenen Selbstmord gleichbedeutend gewesen wäre. Die beiden Supermächte repräsentierten zwei verschiedene Konzeptionen der Welt, die im Konflikt miteinander standen. Der jedoch wurde wegen der damit verbundenen Gefahren in Grenzen gehalten. Alle lokalen Konflikte dieser Welt spielten sich im Rahmen dieses weltumspannenden Konflikts ab und wurden von den Supermächten in ihrem Sinne kontrolliert; keiner konnte bis ins Extreme eskalieren, und das garantierte die Stabilität der Weltordnung.

Der Zusammenbruch des sowjetischen Reiches zerstörte diese Weltordnung. Der Zusammenbruch war das Ergebnis einer internen Entwicklung, sie war nicht das Ergebnis eines amerikanischen Angriffs, sie hätte von außen gar nicht herbeigeführt werden können, denn die Sowjetunion war zu jeder Zeit in der Lage, sich selbst zu verteidigen.

War aber das Tempo des Wettrüstens, diktiert von Ronald Reagans Aufrüstungsprogramm, nicht wesentlich am Niedergang der Sowjetunion mitschuldig?

Doch, gewiß war es ein wichtiges Element. Die Sowjetunion hat versucht, mit den USA Schritt zu halten, war dazu jedoch nicht mehr fähig. Diese Erkenntnis und das damit einhergehende Gefühl der Niederlage haben dann den Versuch eines Reformkurses in der Sowjetunion hervorgebracht.

Warum sagen Sie dann, wie Sie es in Ihrem Buch »Underwriting Democracy« taten, daß der Niedergang der Sowjetunion kein Triumph der Freien Welt sei?

Ich sage etwas anderes: daß der Niedergang der Sowjetunion nicht notwendigerweise ein Triumph der Freien Welt ist. Und es könnte sich in der nächsten Zukunft sogar zeigen, daß das Ende der Sowjetunion sogar zu einer Niederlage der Freien Welt wird. Die Ereignisse der letzten Zeit weisen auf jeden Fall darauf hin, daß die Desintegration der Sowjetunion nicht nur kein Sieg für die Freie Welt ist, sondern vielmehr zu einer ernsthaften Krise der Freien Welt geführt hat, und möglicherweise wird sie zur Desintegration Europas, zur Desintegration der NATO führen.

Ich möchte trotzdem darauf insistieren, daß der Zusammenbruch der Sowjetunion doch auch eine gewisse Wahl der Menschen dort zum Ausdruck bringt: den Willen, zur Freien Welt gehören zu wollen.

Für mich besteht kein Zweifel daran, daß Gorbatschow die Sowjetunion tatsächlich in die Freie Welt führen wollte, seine Politik war insofern ein Sieg der Freien Welt, aber dieser Sieg wandelt sich, scheinbar unaufhaltsam, in eine Niederlage. Die Freie Welt hat nicht verstanden, was dort in der Sowjetunion vor sich geht, und hat die Herausforderung nicht angenommen, sie wollte die Gelegenheit, die dieser Augenblick des Triumphs geboten hat, nicht nutzen. Es gab diesen Augenblick tatsächlich, als die Idee der Freien Welt in der Sowjetunion den Sieg davongetragen hatte, und es ist die Ironie des Schicksals, daß es in der Sowjetunion viel eher als im Westen ein neues Denken über die neue Weltordnung gab: Man stellte sich eine offene Gesellschaft im internationalen Maßstab vor, und die Sowjetunion sollte ein Teil davon sein. Offensichtlich hat die Freiheit einen größeren Wert, wenn man ihrer beraubt ist. Es waren eine Zeitlang die Menschen des Ostens, die die klassischen Ideale der westlichen Welt hochhielten, während der Westen selbst diese Ideale zu vergessen schien. Es gab kein neues Denken in Amerika und nur wenig davon in Europa. In der aufziehenden heißen Witterung sind wir immer noch für den kalten Krieg angezogen. Die USA geben jährlich mehr als dreihundert Milliarden Dollar für die Verteidigung aus, aber gegen die neuen, besonderen Gefahren, die jetzt aufziehen, nützt das nicht viel.

Was hätte Amerika tun sollen?

Es hätte dieser starken Aufforderung, eine neue Weltordnung zu entwerfen, entsprechen sollen.

Was meinen Sie damit? Hätte man die Sowjetunion in die NATO aufnehmen sollen?

Es hätte eine positive Zusammenarbeit geben müssen, die vielleicht zu einem neuen Bündnissystem hätte führen können . So etwas wurde ja von Gorbatschow vorgeschlagen, eine Art Allianz zwischen der NATO und der Sowjetunion. Diese Allianz hätte mit Sicherheit ein sehr stabiles Fundament für eine neue Weltordnung abgegeben. Aber es hätte schon ein gewaltig neues Denken erfordert, eine Allianz ohne spezifischen Feind zu gründen. Die NATO-Allianz basiert auf der Bedrohung, die von dem sowjetischen Reich ausging. Das heißt, die neue Allianz hätte auf einer Weltordnung beruhen müssen, die sich die Verteidigung gewisser Prinzipien zum Ziel gesetzt hätte, ohne einen spezifischen Feind im Visier zu haben. Feinde dieser Allianz wären diejenigen gewesen, die sich nicht an diese Prinzipien halten.

Welche aber sollten diese Prinzipien sein?

Das genau war niemandem klar. Niemand hat sie aufgestellt, geschweige denn in der Öffentlichkeit verankert.

Glauben Sie nicht, daß die USA im Golfkrieg demonstriert haben, um Prinzipien welcher Art es sich dabei handeln könnte?

Die Vereinigten Staaten benutzten im Golfkrieg gewisse Prinzipien, um zu rechtfertigen, daß sie sich in der Region militärisch engagierten. Sie rechtfertigten diese Aktion, indem sie sich auf das Prinzip der Unverletzlichkeit der Grenzen und der Verteidigung der staatlichen Integrität Kuweits beriefen. Aber ihre Aktionen basierten nicht auf den Prinzipien, sondern vielmehr auf nationalen Interesssen, das heißt dem Interesse, das Machtgleichgewicht in der Golfregion zu wahren, die Ölversorgung sicherzustellen und die Sicherheit Saudi-Arabiens und der anderen ölproduzierenden Länder zu garantieren.

Sie sind also mit den Zehntausenden von Demonstranten einverstanden, die in Deutschland mit der Parole »Kein Blut für Öl« gegen den US-Imperialismus auf die Straßen gingen?

Nein, ich bin mit ihnen keineswegs einverstanden. Ich bin davon überzeugt, daß die USA im Irak intervenieren mußten. Was ich kritisiere ist, daß die USA für die gleichen Prinzipien nicht in den Krieg ziehen, wenn sie in Bosnien verletzt werden. Es war richtig, im Irak militärisch zu intervenieren. Es ist falsch, in Bosnien nicht militärisch zu intervenieren. Wenn wir wirklich von Prinzipien geleitet werden – die meiner Auffassung nach die Prinzipien der offenen Gesellschaft sein sollten –, dann müssen wir auch in Bosnien intervenieren. Das ist für mich der Beweis, daß wir nicht die Prinzipien im Sinn haben, sondern unsere engen nationalen Interessen. Wir haben die Prinzipien nur bemüht, um die Berechtigung der nationalen Interessen zu unterstreichen.

Es gibt doch einige Unterschiede zwischen Irak und Bosnien. Nicht nur, daß das Terrain, auf dem der Krieg geführt werden muß, in Bosnien viel komplizierter ist, auch ist dort kein eindeutiges Kriegsziel zu definieren wie im Irak. Hinzu kommt das amerikanische Trauma, in einem geographisch ähnlichen Land wie Vietnam erneut einen Krieg verlieren zu können.

Selbstverständlich. Das ist gewiß ein wichtiger Grund, vor allem für die Militärs: Sie sagen auch, Golf ja, ein zweites Vietnam nein. Sie sagen, wir werden intervenieren, wenn wir ein klares Kriegsziel haben, wenn wir sicher sind, daß wir in der Übermacht sein werden, wenn wir sicher sein können, die Sieger zu sein, und wenn wir die menschlichen Verluste begrenzen können. Und wir müssen die Möglichkeit dessen ausschließen, daß der Konflikt eskalieren könnte. Das ist der Grund, warum die amerikanischen Militärs, insbesondere Colin Powell, vehemente Gegner einer militärischen Intervention in Bosnien waren.

Bosnien ist nicht Vietnam. Die Serben haben den Krieg gegen Kroatien immer noch nicht beendet, deswegen können weder die Serben noch die Kroaten riskieren, daß ihre militärischen Kräfte zerstört werden. Deshalb haben beide kein Interesse daran, den Krieg eskalieren zu lassen. Es gibt sehr wichtige politische Gründe, warum wir hätten längst intervenieren müssen: nicht um irgendeinen großen Sieg zu erringen, sondern um den Siegeszug der nationalistischen Diktatur aufzuhalten.

Unterschätzen Sie nicht die Gefahren, die eine direkte militärische Einmischung in diesen Krieg bedeuten könnte?

Wir sind darin längst in einer schrecklichen Weise verwickelt. Wir waren von Anfang an an der Entwicklung beteiligt: Wir haben Bosnien anerkannt, wir haben in Worten diejenigen Vertreter des Landes ermutigt, die der Teilung entlang ethnischer Grenzen widersprachen. Wir taten das, weil wir gewisse Prinzipien haben: Wir lehnen die ethnische Diskriminierung ab und bestehen darauf, daß Grenzen nicht mit Gewalt geändert werden sollten. Wir verhinderten, daß die bosnische Armee Waffen von außerhalb erhielt, wir verhängten ein Waffenembargo, das zwar allen Beteiligten galt, jedoch die Bosnier am härtesten traf. UNPROFOR läßt vor Ort zu, daß alles, was sie tut, von den kriegführenden Parteien genehmigt werden muß, das heißt, die internationale Gemeinschaft ist längst Teil des mörderischen Gleichgewichts der Kräfte in Bosnien geworden.

Demzufolge begrüßen Sie die Aktion der NATO, vier serbische Flugzeuge, die das UN-Flugverbot verletzt hatten, abzuschießen?

Die Aktion, die die NATO endlich unternommen hat, war längst fällig, absolut notwendig und richtig. Wir haben in Worten Prinzipien hochgehalten, waren aber nicht bereit, für sie auch militärisch einzustehen. Unsere Politik wurde von zwei widersprüchlichen Motiven geleitet: Wir wollten vermeiden, daß auf den Fernsehschirmen zu viele Gewalttaten gegen die Bevölkerung zu sehen sind, und wir wollten die militärische Einmischung vermeiden. Es kam ein schreckliches Gleichgewicht zustande, das den Charakter und die Grenzen des Konflikts bestimmte.

Wenn wir jetzt den Siegeszug der nationalistischen Diktaturen nicht aufhalten, ermutigen wir die vielen anderen potentiellen Diktaturen in der Welt, es den Serben gleichzutun. Das ist ein zusätzlicher, sehr wichtiger Grund, warum wir dringend eine neue Weltordnung brauchen: Nicht nur auf dem Gebiet des ehemaligen Jugoslawien, sondern vor allem aus dem Nachlaß der ehemaligen Sowjetunion sind viele gefährliche nationalistische Diktaturen im Entstehen begriffen. Sie alle werden eine Bedrohung für ihre Nachbarn sein, wenn sie es nicht schon sind. Für die Errichtung einer nationalistischen Diktatur sind immer Feinde vonnöten, damit gegen diesen Feind die Gesellschaft mobilisiert werden kann. Deshalb sind nationalistische Diktaturen immer aggressiv, und deshalb ist die Entstehung einer jeden solchen Diktatur immer eine Gefahr für die ganze Weltordnung. Deshalb muß meiner Ansicht nach die offene Gesellschaft als das wichtigste und entscheidende Prinzip der neuen Weltordnung eingeführt werden.

Dann werden Ihnen jedoch die Länder, die Sie bezichtigt haben, nationalistische Diktaturen zu sein, zum Vorwurf machen, Sie mischten sich in ihre inneren Angelegenheiten ein und mißachteten ihre nationale Souveränität.

Selbstverständlich. Es gibt einen Konflikt zwischen den Menschenrechten, die ein umfassendes Konzept sind, und der Souveränität der einzelnen Länder, was die absolute Macht auf einem bestimmten geographischen Gebiet bedeutet. Dieser Konflikt ist in gewisser Weise gelöst worden durch die Deklaration der Menschenrechte. Man hat akzeptiert, daß es gewisse universelle Prinzipien gibt, die für jedes Land dieser Welt gültig sind.

Man hat gegenwärtig vielmehr ein praktisches Problem: Wer wird diesen Prinzipien zur Durchsetzung verhelfen? Das Problem der USA, der einzigen verbliebenen Supermacht, die die Fähigkeit besitzt, tatsächlich überall in der Welt zu intervenieren, ist, warum sie überhaupt intervenieren soll? Es gibt eine interne Unwilligkeit, eine Opposition gegen Interventionen, die ja immer den Verlust von Menschenleben mitbeinhalten, an so obskuren Plätzen dieser Welt wie Bosnien beispielsweise, wo es nicht einmal Öl gibt. Um von so unbeschreiblichen Ländern wie Tadschikistan gar nicht zu sprechen. Man begreift nicht, daß die Verfolgung nationaler Interessen das Überleben der offenen Gesellschaft nicht sichert. Die USA haben weder in Bosnien noch in Tadschikistan nationale Interessen zu verteidigen, also überlassen sie die Intervention lieber den Vereinten Nationen. Aber die UNO ist ganz besonders ungeeignet für Aufgaben dieser Art.

Warum?

Die UNO kann die Rolle eines Beobachters wahrnehmen, sie kann in der Friedenssicherung tätig werden, aber sie kann keine militärischen Aktionen zur Herstellung des Friedens führen. In Somalia war sie nicht erfolgreich. Und die USA sind sehr unwillig, ihre Truppen unter die Aufsicht der UNO zu stellen, da die UNO eine Organisation vieler Länder ist, die mit vielen Stimmen spricht. Sie ist, wie viele andere internationale Organisationen auch, ungeschickt, entscheidungsunfähig und uneffektiv. Es gibt ein großes Bedürfnis nach einer neuen Weltordnung, aber die Vereinten Nationen werden nicht dazu in der Lage sein, ihre Prinzipien niederzulegen und sie zu garantieren. Wahrscheinlich liegt der Grund dafür darin, daß die Mitglieder der UN auch nur ihre jeweiligen Eigeninteressen verfolgen. Es gibt keine Prinzipien, auf die sich alle einigen könnten und die sie gemeinsam verfolgen würden. Wie soll man die Wahrung der Menschenrechte der UNO anvertrauen, wenn etwa die Hälfte der Mitgliedsstaaten die Menschenrechte innerhalb ihrer eigenen Grenzen mißachtet?

In Ihrem Buch »Underwriting Democracy« drängen Sie die USA, die Rolle der Führerin der Freien Welt zu übernehmen. Was ist damit gemeint?

Die einzige übriggebliebene Supermacht weiß nicht, welche Rolle sie spielen soll, welche Mission sie in der Welt haben könnte. Während des kalten Krieges betrachtete sie sich als die Verteidigerin der Freien Welt. Eine Supermacht zu sein und die Freie Welt zu verteidigen, das war damals gleichbedeutend. Die USA waren das führende Mitglied einer Allianz, die dem Sowjetreich und dem kommunistischen Block gegenüberstand, und sie wurde von ihren Mitgliedern als eine freie Organisation betrachtet, was sie im wesentlichen auch war, wenn man sie mit den Organisationen der anderen Supermacht verglich.

Jetzt, nachdem das sowjetische Reich zusammengebrochen ist, hat sich alles geändert. Eine Supermacht ist ein sehr machtvolles Land, das seine eigenen Interessen verfolgt. Der Führer der Freien Welt, so wie ich ihn mir vorstelle, muß zwar auch ein sehr mächtiges Land sein, muß aber die Interessen der Freien Welt verfolgen. Die Identität zwischen den Interessen der USA und denen der Freien Welt ist verschwunden. Die Frage ist nun, welches Interesse soll in der amerikanischen Politik dominieren?

Will man ehrlich sein, so muß man zugeben, daß die USA schon während des kalten Krieges aufgehört haben, in ihrer Außenpolitik Prinzipien zu verfolgen. Die dominierende Doktrin war eine Art Real- oder Geopolitik: Man ging davon aus, daß jede Nation ihre eigenen nationalen Interessen hat und daß es die Pflicht einer jeden Nation sei, diese Interessen zu verfolgen. Es gab eine Dualität im amerikanischen Denken: Ein idealistischer Strang existierte durchaus weiter, wurde aber schrittweise fallengelassen.

Dadurch wurde die amerikanische Politik reichlich heuchlerisch, denn für Publicity-Zwecke hielt man weiterhin an den Parolen fest, die aus der Zeit stammten, als man noch ernsthaft für die Freie Welt kämpfen wollte. Bei den anfallenden praktischen Entscheidungen jedoch wurde man von geopolitischen Interessen geleitet. Aber wegen des zeitweiligen Zusammenfallens der Interessen der Supermacht und der Freien Welt richtete dieser Widerspruch keinen besonders großen Schaden an. Der Zusammenbruch des Sowjetreiches legte den Widerspruch, den latenten Konflikt in der amerikanischen Politik offen. Jetzt steht die USA klar vor einer Wahl: Was ist unsere nationale Mission?

In einer gewissen Weise wurde diese Frage beantwortet, noch bevor sie offen gestellt worden wäre. Sie wurde beantwortet durch den Golfkrieg. Die USA verhielten sich dort wie eine Supermacht, die ihre eigenen Interessen verteidigt. Oder sagen wir so, wir wußten nicht, was wir im Irak wirklich wollten, und das führte zu einer Konfusion in der Politik.

Sie meinen, daß der Krieg zu früh beendet wurde?

Wir wußten nicht, ob es uns wirklich interessiert, wer den Irak regiert. Es gab Druck von verschiedenen Seiten auf die USA, die Politiker aus Saudi-Arabien und der Türkei wollten nicht, daß Saddam Hussein von einer schiitischen oder kurdischen Bewegung gestürzt wird. Der Krieg endete zwar mit einem militärischen Sieg, aber zugleich auch mit einer politischen Niederlage, und das ist den Unklarheiten zuzuschreiben, die in den USA über die Rolle des Landes bestehen. Wir müssen die Frage beantworten, ob uns nur die Unverletzlichkeit der Grenzen etwas angeht oder vielleicht auch, was für ein Regime in dem Land herrscht?

Ist es Ihnen nie in den Sinn gekommen, daß Europa die Rolle der führenden Kraft der Freien Welt übernehmen könnte?

Nun, die USA sind die einzig übriggebliebene Supermacht.

Sind Sie ein amerikanischer Patriot?

Nein, darum geht es nicht. Europa steckt in einer noch viel größeren Identitätskrise als die USA. Es hat keine Opferbereitschaft für die offene Gesellschaft gezeigt, als die Möglichkeiten dafür ausgezeichnet waren.

Sie glauben also, Europa wäre nicht imstande, diese Aufgabe wahrzunehmen?

Europa steht jetzt vor der Wahl, ob es ein Europa der offenen Gesellschaften wird oder die Festung Europa. Ich bin natürlich ein Verfechter der offenen Gesellschaft und hoffe, daß Europa in diese Richtung gehen wird.

Aber Sie sind nicht sehr optimistisch, daß dies gelingen wird?

Im Gegenteil, ich bin sehr pessimistisch. Europa wird nur dann eine gemeinsame Außenpolitik entwickeln können, wenn man sich darauf einigt, die offene Gesellschaft als die Zielsetzung dieser Außenpolitik zu betrachten. Diejenigen, die in einer offenen Gesellschaft leben, müssen sich bewußt für diese Gesellschaft entscheiden. Und sie müssen bereit sein, dafür Opfer zu bringen. Es reicht nicht aus, zu sagen, eine offene Gesellschaft bestehe aus Individuen, die alle frei sind, ihre eigenen Interessen zu verfolgen. Die offene Gesellschaft muß eine leitende Idee sein, die Menschen müssen daran glauben. Aber das ist eine sehr schwierige Idee, weil sie zugleich beinhaltet, daß man sich der eigenen Irrtümer bewußt ist, daß man andere Meinungen, Minderheiten verschiedener Art toleriert. Das heißt, man muß an etwas glauben, wovon man im Grunde nicht genau wissen kann, ob es richtig ist. Ich persönlich glaube daran.

Sind Sie also optimistischer, die USA betreffend?

Nein. Und das meinte ich, als ich sagte, die Niederlage des sowjetischen Systems ist auch eine Niederlage der Freien Welt. Wir sind uns dessen gar nicht bewußt, worum der Kampf ging, und darum kann die Desintegration der Sowjetunion zur Desintegration der Freien Welt führen. Wir gehen einer Periode entgegen, die von Aufruhr und Unstabilität gekennzeichnet sein wird. Eines Tages werden wir aufwachen und fragen, was wir nicht richtig gemacht haben. Vielleicht finden wir dann eine Lösung. Vielleicht werden wir dann mehr bereit sein, für die offene Gesellschaft zu kämpfen anstelle von nationalen Interessen. Bis dahin ist es aber noch ein langer Weg.

Sind Sie nationalen Gefühlen gegenüber deshalb so mißtrauisch, weil Sie eine Art vaterlandsloser Geselle sind? Geboren in Ungarn, Jude, zunächst in England, heute Bürger Amerikas?

Es stimmt nicht, daß ich allen nationalen Gefühlen gegenüber mißtrauisch wäre. Mein Mißtrauen und Mißfallen fängt erst an, wenn Nationalismus aggressiv und diskriminierend wird. Das Gefühl für nationale und ethnische Zugehörigkeit ist ein sehr wichtiges konstituierendes Element der persönlichen Identität, es ist sogar ein unerläßliches Element des Pluralismus selbst.

Es gibt sicherlich einen eindeutigen Zusammenhang zwischen meiner Vorliebe für die offene Gesellschaft und meiner jüdischen Abstammung. Wenn Sie sich anschauen, wie die Juden auf die Verfolgung im Zweiten Weltkrieg reagiert haben, so werden Sie feststellen können, daß es zwei Wege gab: Entweder sahen sie sich nach einer größeren Einheit um, in der sie leben wollten, und sie engagierten sich dort für eine Gesellschaft, in der sie vollständige Mitglieder sein konnten. Oder sie versuchten eine eigene Nation zu gründen, wie es die Zionisten taten. Ich gehöre eindeutig zu der ersten Gruppe. Es wäre inkorrekt von mir, diese Wurzeln meiner Überzeugungen nicht zuzugeben.

Ich bin sehr stolz darauf, Jude zu sein. Der wichtigste Beitrag der Juden in einer jeden Gesellschaft – außerhalb Israels – ist, daß sie eine Minderheit sind. Deshalb will ich selbst nicht ein Bürger Israels werden. Es ist doch viel interessanter, viel anregender, zu einer Minderheit zu gehören. Ich glaube daran, daß es so etwas wie eine jüdische Genialität gibt, es gibt eine Linie der Genies, die man verfolgen kann in der jüdischen Geschichte: Schauen Sie sich nur die jüdischen Leistungen in der Wissenschaft, im Wirtschaftsleben, in den Künsten an! Sie sind ihrem Minderheitsstatus zu verdanken. Die Juden haben es gelernt, jede Frage von vielen verschiedenen, auch von den gegensätzlichsten Standpunkten aus zu betrachten. In der Minorität waren sie die Vertreter des kritischen Denkens. Und wenn in mir etwas von diesem jüdischen Genie steckt, dann ist es nichts anderes als die Fähigkeit zu kritischem Denken. Insofern ist das Jüdischsein ein wesentliches Element meiner Persönlichkeit, und ich bin – wie gesagt – sehr stolz darauf.

Ich bin mir dessen auch bewußt, daß in meinem Denken einiges vom jüdischen Utopismus enthalten ist: Mit meinen Stiftungen stehe ich in dieser Tradition. Deshalb begeistert mich auch das Konzept des vereinten Europa so sehr: Dort ist jede Nation eine Minderheit, und das macht die Schönheit dieser Vorstellung aus.

Man hat immer die Tendenz, von sich aus auf andere zu schließen. Die meisten Menschen destillieren ihre Prinzipien aus ihren persönlichen Erfahrungen heraus, und von diesem Fehler bin auch ich nicht frei. Insofern muß ich Ihre Ausgangsfrage, ob meine Ansichten mit meiner jüdischen Herkunft zusammenhängen, mit Ja beantworten. Aber was soll daran schlimm sein?

In Osteuropa wäre es gewiß als Vorwurf gemeint.

Das ist richtig. Es hängt dort freilich auch mit der Rolle zusammen, die die Juden in den kommunistischen Regimes gespielt haben.

Wie reagieren Sie auf antisemitische Angriffe aus Osteuropa?

Den Antisemitismus kann man nicht direkt angreifen. Man kann ihn nicht verbieten oder verbannen. Alles was man tun kann, ist eine Umgebung zu erzeugen, in der Antisemitismus nicht dominieren kann: Das ist nichts anderes als die offene Gesellschaft. Indem ich etwas für diese tue, bekämpfe ich den Antisemitismus.

Fühlen Sie sich durch Anfeindungen dieser Art nicht verletzt?

Nein, überhaupt nicht. Ich bin begeistert, damit konfrontiert zu werden und dem entgegentreten zu können. Sonst gedeihen diese Ideen in der Dunkelheit. Antisemitismus ist eine Verwirrung des Geistes, die viel beständiger ist, wenn sie nicht an die Oberfläche kommt. Wenn diese Ideen ausgesprochen werden, zeigt es sich, wie wenig tragfähig sie sind.

Warum sind Sie nicht Politiker geworden?

Niemals im Leben dachte ich daran, Politiker zu werden. Dann schon lieber Journalist. Mein persönlicher Erfolg ist mir wichtiger als mein Interesse am Weltgeschehen. Meine größte Verantwortung gilt mir als Person und meiner Familie. Erst nachdem ich erfolgreich war, wendete ich mich der Politik zu. Außer mir selbst kann ich niemanden repräsentieren. In gewisser Weise bin ich natürlich doch Politiker geworden, aber dieses Politisieren basiert auf meinem wirtschaftlichen Erfolg. Wäre ich als Unternehmer nicht erfolgreich, würde mir niemand zuhören, selbst so hört man mir – außer auf den Finanzmärkten – leider kaum zu.

Was bedeutet Geld für Sie persönlich?

Geld ist ein Tauschmittel, es steht immer für etwas anderes als für sich selbst. Wenn man gewisse Bedürfnisse hat, ist es wunderbar, Geld zu haben, weil man es gegen die Dinge, die man möchte, eintauschen kann. Aber letztlich ist es doch sehr begrenzt, was man sich alles kaufen kann. Geld bringt drei Dinge außerdem: Freiheit, Erfolg und Macht. Ich schätze die Freiheit sehr. Erfolg ist wichtig, er ist die Quelle von Selbstbestätigung und Selbstsicherheit. Und jetzt bin ich dabei, zu lernen, wie ich die Macht nutzen kann, die ich dem Geld zu verdanken habe. Aber ich hatte kein Verlangen nach dieser Macht, und ich genieße sie auch nicht sonderlich. Sie hat zu viele negative Aspekte, vor allem stört sie die Fähigkeit zum kritischen Denken. Wenn Menschen mir gegenüber unterwürfig sind, mir schmeicheln, so macht mich das verlegen, es ist mir sehr unangenehm.

Ich genieße das Leben, ich habe jetzt ein sehr schönes Leben, und das Schöne daran ist, daß ich nicht darauf schauen muß, wieviel das kostet, was ich haben will. Meine Bedürfnisse sind allerdings nicht sehr groß, Ideen, Nachdenken interessieren mich viel mehr als materielle Dinge. Insofern könnte man sagen, daß ich eine ziemlich abstrakte Person bin.